Peter Krauss
Apolonia

Peter Krauss

Apolonia

Roman

EDITION
Noack
Block

Umschlagabbildung unter Verwendung einer Abbildung von
© efes auf Pixabay

ISBN 978-3-86813-141-3

Herstellung durch Frank & Timme GmbH,
Wittelsbacherstraße 27a, 10707 Berlin.
Gedruckt auf säurefreiem, alterungsbeständigem Papier.

www.noack-block.de

Eine kurze, kleine Strecke
Treibt das Leben leidenschaftlich
Und erlischt im Schatten drüben
Als ein unverständlich Murmeln.

Conrad Ferdinand Meyer
Auf dem Canale Grande

Inhalt

I Kreuzottern

Oder: Vom Einfluss des Parasympathikus auf die Unterzungendrüse

Vielleicht der Schwüle wegen brauchte er ziemlich lange, bis er begriff, warum ihm die Namen der Dörfer und Weiler, durch die er fuhr oder auf die Schilder am Straßenrand hinwiesen, so bekannt vorkamen: nicht wenige der Pennälerinnen, denen er als Broterwerb das Deutsche einzutrichtern verpflichtet war, trugen den Namen ihres Dorfs. Fürwahr ein Grund zum Neidischwerden, denn das ist wohl das wahre Eingesessensein. Diese Leute können von Wurzeln sprechen, mehr noch als die meisten Adligen wie diese Bonaldsippe[1] auf ihrem grauen Schloss im Hintergrund und natürlich tausendmal mehr als er, jung als Deutscher entwurzelt und in das Frankreich seiner Träume verpflanzt, aber nie angewachsen und *ver*wurzelt. Bei diesem Licht in dem prächtigen Dourbietal wollte er jetzt nicht dem Problem nachhängen, ob das nun seine Schuld war, weil er irgendetwas versäumt hatte und weiterhin versäumte, oder die der Franzosen, die ihm sein Deutschtum tagtäglich wie eine unauslöschliche Brandmarkung ins Gedächtnis riefen. Diese schöne Landschaft gehört allen, dachte er; schon ein Wunder, dass sie nicht mehr einem einzigen Grundherrn gehört, wie früher. Heute kann man sogar bis zum Fuße des verdächtig nüchternen Schlosses fahren. Es kann zwar nicht besichtigt werden – *on ne visite pas*[2] – aber man darf unbehelligt davor herumstehen und gaffen. Die in Paris wohnenden Nachfahren haben nicht mehr das derbe rollende ›R‹ des (eine gewisse Zeit lang) berühmten Ahnen, des Louis Gabriel Ambroise de Bonald, der hier geboren wurde und gestorben ist und unter anderem Bürgermeister von Millau gewesen war. Der hatte damals geglaubt, kraft seines Amtes oder seiner Persönlichkeit, die herannahende Revolution aufhalten zu können. Das war ihm aber nicht gelungen. Wenigstens nicht gleich. Er musste zunächst einmal nach Deutschland fliehen, wo das Leben doch noch etwas erträglicher war, und musste dort ein wenig mit den Feinden seines Vaterlandes kollaborieren, was ihm aber später nicht angekreidet wurde. Konnte man nicht während seiner Abwesenheit seine Güter konfiszieren und in seinen Wäldern, Ländereien und Gewässern ungestört wildern, krebsen und Nachtangeln legen? In Heidelberg wurde er immer katholischer und monarchistischer, sodass er – Gott sei Dank! – heute in den meisten Lehrbüchern der Philosophie gar nicht mehr stehen darf, gerade als ob es ihn nie gegeben hätte. Dabei war er doch der Mann, der das in der Gegend florierende konfessionelle Schulsystem so tief verankert hatte. Ihn betrachtete der Deutschlehrer als seinen eigentlichen Arbeitgeber, was ihm umso leichter fiel, als der nun schon über hundert Jahre tot war. So konnte er sich erlauben, ungestraft gegen seinen alles andere als sympathischen ›Chef‹ aufzumucken. Und die Duckmäuserrolle, die er sich wohl oder übel in diesem Milieu hatte aufdrängen lassen, kam ihm dabei etwas weniger als ein Verrat an den Überresten seiner jugendlichen Prinzipien vor. Dann sah er, dank dem Ortsschild ›Massabiau‹, das rechter Hand wie eine riesige Visitenkarte aufgepflanzt war, die gleichnamige Schülerin vor sich, üppig, etwas schweißelnd – was verständlich war, weil sich die Schüler in diesen Anstalten, aber auch in vielen weltlichen, nach der Turnstunde nicht duschen durften – und stets so lieb lächelnd. Aber *ihm* würde ein Bad im türkisgrünen Wasser der Dourbie[3] auch guttun. So parkte er am Ende der Schlucht, kurz bevor sich das Tal überraschend öffnet. Er ging über die Brücke, deren Massigkeit sich dadurch erklären ließ, dass sich diese Dourbie zeitweise in einen reißenden Fluss verwandeln konnte, wenn sie zum Beispiel im Frühjahr das Schmelzwasser des Mont-Aigoual-Schnees[4] in ihr Bett zwängen musste. Durch das Eisengestänge hindurch sah er die Quappen und Schmerlen je nach Belichtung ganz schwarz oder silbergrau und gelblich schimmernd. Das Wasser war so klar, dass er die Bartfäden auf ihren schwulstigen Lippen wahrnehmen konnte. Die erinnerten ihn an eine der Nonnen, die im gleichen Gymnasium unterrichtete und um deren Mund ein paar ähnlich lange, stachelige Haare gesprossen waren.

Der Mischwald wuchs bis ans Ufer, wo stellenweise erstaunlich heller und feiner Sand angeschwemmt war. Dahinter »geilten mannshoch die weiß blühenden, schierlingsartigen Pflanzen, deren Blüten schirmförmig und stets von winzigen Käfern bedeckt sind und aus deren hohlen Stängeln man Flöten und Pfeifen schneiden kann«, wie sich Hesse nicht besonders präzise ausdrückt, außer dem Verb ›geilen‹, über das sich der Deutschlehrer immer freut, weil es für die Übersetzer eine harte Nuss zu knacken ist.[5]

Er legte seine Hose ab und watete ins Wasser. Die Steine im Flussbett erinnerten ihn daran, wie sie als Studenten zwischen Tübingen und Bebenhausen Forellen gefangen hatten. Er wollte es wieder versuchen. Von beiden Seiten mit beiden Händen sich vorsichtig dem unter der Steinplatte befindlichen Hohlraum nähern und dann blitzschnell zupacken. Er tat es mehrmals, aber die Kunst war ihm abhandengekommen, oder aber es waren keine Fische darunter. Außerdem spürte er wohl, dass sein Zugriff nicht mehr so unbefangen sorglos war, seitdem er einmal statt eines glitschigen Fisches eine scharfkantige offene Konservenbüchse erwischt hatte. Der Kontakt mit den zersplitterten Schalen der in diesen Gewässern vorkommenden Süßwassermuscheln wäre auch nicht angenehm. Er brauchte seine Finger dringend zum Tippen, zum Pinseln chinesischer Zeichen, zum Klavierspielen und zum Streicheln. Die andere Technik, die darin bestand, einen schweren Stein so heftig auf die Platte zu werfen, dass dem darunter versteckten Fisch die Kiemen platzen, sprach auch nicht an. Nicht sehr elegant übrigens, dachte er, das mag angehen für Lausbuben in den großen Ferien. Und weil er nach diesem längeren Aufenthalt das Wasser noch eiskalt fand, verzichtete er auf ein Bad. Es bedarf mehrerer solcher heißen Tage, um diese hauptsächlich in schattigen Schluchten fließenden Flüsse zu erwärmen. Nebenbei erinnerte er sich lachend, dass ein paar hundert Jahre vorher genau um diese Jahreszeit Luther in einer Predigt gebrüllt hatte: »Enthaltet euch der kalten Bäder, denn der Teufel bewohnet die Wälder und Flüsse und stellt uns überall nach, um uns zu verderben, denn *er* schläft nicht.« Er zog sich wieder an und ging den Weg zum Hang hoch. Eigentliche Wanderwege gibt es noch wenige in diesem Land, nur von Jägern und Wilderern ausgetretene Pirschpfade, die aber oft mir nichts, dir nichts aufhören, wie unsere Holzwege. So auch hier. Auf der einen Seite ein Mischwald, aus dem Nadelhölzer dunkel hervorstachen, davor hellgrüne Weiden. Aus dem Unterholz möselte[6] es scharf. Auf der anderen Felsblöcke mit ausgewaschenen Rinnen und Absätzen, die zum Klettern einluden. Gerade über ihm ein Findling, sandfarben und schiefergrau gemustert, oben verdickt wie ein Bootskiel. Er zögerte ein wenig, bevor er sich der Versuchung hingab.

Nicht wegen einer etwaigen Gefahr; Gefahr war hier keine vorhanden. Nein, er hatte ein schlechtes Gewissen, diesen freien Nachmittag nicht zum Studieren zu verwenden. Die Nonnen hatten ihn eingestellt, ohne dass er seine Deutschprüfungen beendet hatte. Dieses Vertrauen sollte er doch rechtfertigen! Allerdings galt es, sich durch ein vom Staat bestimmtes anspruchsvolles literarisches Programm durchzuarbeiten, mit der hier üblichen Auswendiglernerei. Darauf standen selten naturverbundene Dichter oder Schriftsteller. Dieser langweilige ›Wilhelm Meister‹. Was die Franzosen bloß an dem Goethe für einen Affen gefressen haben, schimpfte er, natürlich nur, weil er dem Napoleon nie klipp und klar gesagt hat, was er von dessen Besetzung Europas hätte halten müssen. Scharwenzeln war ihm die Hauptsache. Und dem Korsen Komplimente entlocken über seinen ›Werther‹ … Warum denn nie Leute wie Eduard von Keyserling oder die Droste, die dieses sommerliche Schweigen, diese Schwüle beschreiben können? Es war jetzt die Stunde, wo alle Blätter, auch die der wegen ihrer Unfähigkeit, bei Christi Tod zu trauern, zum ewigen Zittern verurteilten Espen, mit aller Bewegung innehalten. Nur genau über ihm ein rüttelnder Raubvogel, ein *circaète jean-le-blanc*, sein deutsche Name fiel ihm nicht ein, von wegen zweisprachig! Er tröstete sich damit, dass die Beherrschung des Französischen in den Augen der hiesigen Behörden für den Unterricht der Fremdsprachen absurderweise viel wichtiger war als die des Deutschen. Das schließt nicht aus, dass die Franzosen die vorzüglichsten Zerklauber der deutschen Grammatik sind, wie sie es schon im 18. Jahrhundert für die chinesische Sprache waren. Gesprochen hat sie, die deutsche und die chinesische, allerdings lange keiner von diesen Gelehrten. In seiner späteren Laufbahn, in der er zwei Mal im Fache Germanistik promoviert hatte, hatte er feststellen müssen, dass in den insgesamt über acht Stunden dauernden Rigorosa, in Aix-en-Provence, nur sechs oder sieben deutsche Wörter gefallen waren. Und das waren die Originaltitel der zitierten Werke gewesen. Und aus dem Eduard von Keyserling, den sie, der Teufel weiß warum, nicht mochten, hatten sie sowieso in den ersten Minuten einen ›Käserling‹ gemacht.

Er genoss die Klimmzüge, dieses bedächtige Sichhochziehen und wohlige Rutschen über dem warmen Kalkstein. Es roch wie in den Steinhaufen der Schwäbischen Alb nach Feldwanzen[7], die er aber nicht sehen konnte. Gleich darüber schien eine kleine Felsplattform zu sein, von wo aus der Blick auf Wasser und Landschaft ganz herrlich sein musste. Langsam den Kopf auf die Höhe der an der Felskante abgewinkelten Finger bringend, stockte ihm plötzlich der Atem und am ganzen Körper brach ihm der Schweiß aus. Dass das auch an den Fingern geschah, war der Festigkeit seines Griffs nicht gerade zuträglich. Genau seinen Augen gegenüber sonnten sich genießerisch züngelnd vier oder fünf oder noch mehr kleine Vipern. *Un nœud*, ein Knoten, sagen die Franzosen dazu. Bei Hebbel steht sogar irgendwo das Wort Vipernklumpen, dachte er, aber dein überflüssiges Wissen hilft dir jetzt nicht weiter. Er wusste auch, dass *klein* bei Vipern wirklich nichts bedeutete. Eine Verwechslung mit Nattern war ausgeschlossen; er hatte sofort das Katzenauge der Vipern und die kleinen Schuppen auf dem Hinterkopf entdeckt, die bei Nattern so groß sind, dass man sie zählen kann. Wie gelähmt starrte er sie an. Wenn ich jetzt ein Steinwälzer wäre oder ein dickfüßiger Triel, dann könnte ich sie vielleicht mit meinen schwefelgelben Augen so fixieren, dass sie sich nicht bewegen! Während der Knäuel langsam auf die Felskante *zu*tänzelte – sie führen eine langsame Allemande aus, hoffentlich wird das Tempo nicht schneller, sagte er sich – nahm er wahr, dass er den Mund vor lauter Schreck ganz weit auf hatte. Und da geschah es: der Strahl, der ohne sein Zutun aus der unter der Zunge liegenden Speicheldrüse auf die Vipern *zu*spritzte, unterbrach die Annäherung auf einen Schlag und schob die Gefahr auf. Ganz behutsam zog er seinen schweißtriefenden Kopf in die Schultern wie ein Geier und tauchte ab, sich wiederholend: wenn mich jetzt eine in den Finger beißt, nur nicht jäh loslassen! Zu alledem fühlten sich die Steine beim Abstieg viel spatiger an als zuvor, als könnten sie jeden Augenblick blättrig zerfallen. Knieschlotternd kam er unten auf dem Weg an. Seltsam, wie sich sein Körper ohne sein Gehirn gewehrt hatte, sogar mit einem dem Gegner angepassten Verteidigungsmittel. Als er ein Rauschen über sich hörte, hob er den Kopf. Der Raubvogel zischte davon mit einem der Reptilien im Schnabel, ach ja, da war es ja wieder das deutsche Wort, zum Glück hatte es ihm nicht auf der Zunge gelegen: ganz einfach ›Schlangenadler‹, den eulenartigen Kopf von einem Kranz heller Dunen umstellt, Handschwingen schwärzlich, Bauch nahezu weiß; hat sich etwa ein Drittel seines Tagesbedarfs besorgt.

Zum Dank seinem Schutzengel gegenüber wollte er sich zwingen, wegen des guten Ausgangs dieses unvermuteten Zusammentreffens, mehrere Nächte lang streng für seine Prüfungen zu arbeiten. Er wusste, dass er sich dazu bringen konnte, indem er es feierlich gelobte. Also schlüpfte er, zurück in der Stadt, in die kühle Kapelle der Schule, setzte sich auf eine wurmstichige Bank und schwor Folgendes: »Du alter Bonald, bist zwar nie heiliggesprochen worden, obwohl du päpstlicher warst als der Papst, und der große Lamennais[8], als er dich noch mochte, dich allen Ernstes als einen Heiligen bezeichnet hat und dein Sohn den Kardinalspurpur getragen hat samt Hut – ich nehme dich trotzdem zum Zeugen meines Versprechens, dass ich mindestens zwei Nächte lang fleißig studieren will und auch *noch* so verlockenden Anfechtungen und Versuchungen des wahren Lebens aus dem Wege gehen will. Und da du gerade mein Mittelsmann bist, und weil ich als Protestant mit der Jungfrau Maria nicht so intim bin, sag *ihm* auch vielen Dank für den Schutz gegen die Schlangen.«

Beim Verlassen der Kapelle entdeckte er die Oberin, die ein paar Meter vor ihm auf den Knien ins Gebet versunken war. Ihre edlen Züge hoben sich vom dunklen Nussbaumholz des Chorgestühls ab.

Schon als Schüler vor dem Abitur hatte er sich jede Woche einmal abends zum Arbeiten gezwungen, indem er seinem Vater versprach, ihn bis zu seiner Heimkehr vom Kegelschieben und Saufen zu erwarten, welche Stunde es auch werde, was der Vater trotz seines angeborenen Geizes immer mit einem Fünfmarkstück belohnte, das heißt fünf Reclambändchen der Epoche. Der

Sohn übernahm dafür das Ausziehen der Schuhe und auch das Überstülpen des Nachthemds. So brauchte der Alte sich nicht zu bücken und der Rausch stieg ihm nicht in den Kopf. Er konnte dank dieser List immer einigermaßen aufrecht und würdig an sein Bett schleichen, genau elf Schritte geradeaus, dann unter die Decke, ohne dass er seine Frau, meine Mutter, weckte, was sonst immer der Fall gewesen war, wenn er besoffen an der Schrankwand entlangschlitterte und die herausstehenden Schlüssel verbog, abbrach oder fallen ließ.

Zwischen Wachen und Schlafen träumte der Deutschlehrer von Schultern, von fast nackten, weiblichen Schultern, die kaum ein Streifen Stoff unterbrach. In seinem Dämmerzustand war er noch nicht genug der Wirklichkeit entrückt, um nicht zu wissen, woher die Vision stammte; er hatte an diesem ersten sehr heißen Tag – hier gibt es kein hitzefrei – von dem Kirchturm der Anstalt aus einen Blick auf den während der Pause von Schülerinnen wimmelnden Schulhof geworfen, zum Bersten voll von Mädchen, Mädchen, die alle der brennenden Sonne ihre Schultern darboten: warme, erhitzte, rotglühende, sonnverbrannte, kaffeebraune, runde, gewölbte, fette, fahle, hagere, knochige, kantige, spröde, blaugeäderte, sommersprossige und schweißperlend feuchtglänzende Schultern … und da war ein ziemlich breites, schon frauliches Schulterpaar gewesen, das sich energisch einen Weg gebahnt hatte durch die anderen wogenden Schultern und Hälse. Es schien ihm bekannt. Trotz aller Anstrengung gelang es ihm nicht, diesen Schultern einen Namen zu geben. Dann klingelte es schrill und die Schultern verteilten sich über den ehemaligen Kreuzgang in ihre Klassenräume. Eine Sekunde lang fragte er sich, ob es nicht auch bei ihm in Wirklichkeit geklingelt hatte, aber er wollte seinem Gelübde nicht untreu werden und womöglich wieder an seinen Schultertraum anknüpfen. So zog er sich die Decke über den Kopf.

II Ziegenmelker

Oder: Schimpfnamen gehören zum sprachlichen Kulturerbe

In der Stadt wimmelte es von schwarzen Pfaffen und schwarzweißen Nonnen; vom mittelalterlichen Bergfried herab sah es aus wie Elstern und Raben in einem Spatzenschwarm. Den Klosterfrauen oblagen auch die Leitung des Gymnasiums und der größte Teil des Unterrichts. Es waren ausgezeichnete Lehrerinnen, so gut wie die weltlichen, die viel Zeit mit Haushalt, Kind und Kegel verlieren und des Öfteren einen Krankheitsurlaub nehmen müssen. Die Ordensschwestern waren selten krank und verwendeten ihre ganze Zeit auf ihre Fortbildung. Die das Englische Unterrichtende verbrachte alle ihre Ferien in Irland und auf Reisen in angelsächsischen Ländern. Die Schüler wissen genau, wie man das fremdsprachliche Niveau eines Lehrers testet. Es genügt, einen ausländischen Partner in den Unterricht mitzubringen. Die Englischnonne akzeptierte das immer mit einem freundlichen Lachen. Sie wusste, dass die jungen Engländer und Amerikaner perplex sein würden. Und *er* wusste, dass sie unter ihrer Haube sehr lange blonde Haare verbarg. Aber das ist eine andere Geschichte. Für das Deutsche war keine Nonne vorhanden; so hatten sie sehr tolerant mit einem getauften Protestanten und obendrein noch Ausländer vorliebgenommen. Nie hat sich die Oberin in seinen Unterricht eingemischt. Er konnte mit den Schülerinnen die radikalsten Texte von Brecht lesen, wie er es gerade in einer Klasse mit dem ›Kaukasischen Kreidekreis‹ tat, oder Auszüge aus Albert Speers ›Spandauer Tagebuch‹, ja sogar die Anekdote von Luther und dem Teufel auf der Wartburg.

Wie an jedem Montagmorgen ging der Deutschlehrer mit gemischten Gefühlen seiner ersten Stunde entgegen. Einerseits waren alle Mädchen sehr hübsch, andererseits war da eine unter den hübschen, deren kalter, durchdringender Blick ihn drei Mal pro Woche einschüchterte. Er verglich sie mit Jeanne d'Harvilliers[9], die der berüchtigte Inquisitor Jean Bodin[10] immer rückwärts in den Gerichtssaal führen ließ, aus Angst »ihr Blick vergewaltige die Schöffen«[11]. Im Gegensatz zu ihrem Blick war ihre allerdings selten vernommene Stimme klangvoll und sanft. Mit ihrer sanften Stimme hat sie ihm wohl die meisten Frechheiten gesagt, die er je von Schülern hatte hören müssen. Ja, sie hat eigentlich nur den Mund aufgemacht, um Frechheiten zu sagen. Sonst schwieg sie wochenlang. Seit er Aron R. Bodenheimers Büchlein ›Warum? Von der Obszönität des Fragens‹ gelesen hatte, fiel es ihm sehr schwer, den Schülern direkte Fragen zu stellen. Das erinnerte ihn immer unangenehm an Examen, Verhör oder Elternneugier. Aber auch in den seltenen Fällen, wo eine Frage an sie unumgänglich war, hat sie nie geantwortet, sondern ihm immer herausfordernd lächelnd in die Augen gesehen, als hätte sie der Teufel, wie er es früher mit den Hexen tat, damit sie keine Geheimnisse preisgaben, mit Taumellolch gefüttert, der die Zunge lähmt. Apolonia war polnischen Ursprungs und ein wenig schlitzäugig, sie hätte von weiter östlich herstammen können. Sie besaß breite Schultern, die in einen schön proportionierten Körper übergingen. Er hat sie auch höchst selten lachen sehen und hören, es sei denn, er war über eine in den Bankreihen stehende Schultasche gestolpert oder hatte einen Schnitzer im Französischen gemacht. Aber wenn sie lachte, dann legte die ganze Klasse los, so ansteckend war es.

Er fragte sich immer, wie diese braven Nonnen überhaupt einen Deutschkurs zusammengebracht hatten. Wahrscheinlich war da wieder deutsch mit Ordnung und Disziplin gleichgesetzt worden. Mit dieser vorgefassten Meinung glaubten die reichen

Geschäftsleute, vor allem Handschuhfabrikanten und Roquefortkäsemacher, ihre Töchter bei einem Deutschen in den besten Händen. Oder aber, wie eine mal in einer Strafarbeit über das Thema ›Warum lerne ich Deutsch?‹ verraten hatte, dass die Deutschen leicht wiederkommen könnten, weil sie schon ein paar Mal dagewesen seien und dass dann derjenige, der ihre Sprache beherrsche, gleich fein heraus sei. Eine andere so bestrafte Schwatzbase war sogar noch viel weiter gegangen, als sie über denselben Gegenstand geschrieben hatte, dass Deutschkenntnisse ihrem Vater, einem Bauern des Hochplateaus, während des Feilschens um Lebensmittel mit deutschen Soldaten nützlich gewesen wären, weil er alles hätte viel teurer verkaufen können. Und sie hatte eine Bemerkung hinzugefügt, die ihr unter Umständen beträchtliche Scherereien hätte verursachen können: dass nämlich die deutschen Soldaten immer alles bezahlt hätten, wohingegen die französischen Widerstandskämpfer, diese ›Heckenschützen‹, wie sie sagte, von ihren Eltern und anderen Bauern das Fleisch, die Eier und das Gemüse, wenn nicht wie oft einfach geklaut, so mit Gewalt erpresst hätten. Einer ihrer Verwandten sei dabei zu Tode geprügelt worden. Nach dem Krieg sei die Sache den Deutschen in die Schuhe geschoben worden und sein Name sei vor nicht langer Zeit in die Tafel der Widerstandskämpfer ihres Dorfes eingemeißelt worden.

Um dem Vorwurf vorzubeugen, eine Eliteschule zu sein, teilte die kirchliche Schulverwaltung regelmäßig Stipendien aus. So war wahrscheinlich auch Apolonia an diese Schule gekommen; auf jeden Fall hatte sie nichts gemein mit den zahlenden Töchtern, die auch an den Wochentagen wie zum Ball aufgetakelt waren und geschminkt wie ihre Mütter. Apolonia trug tagaus, tagein ein wohl handgestricktes scharlachenes Wollkleid, einfach wie eine Brünne, dessen Anblick *allein* an warmen Tagen genügte, um bei dem Deutschlehrer einen nervösen Schweißfriesel hervorzurufen, von den Landsern ein ›Wolf‹ genannt. Wer als kleiner Junge neue Lederhosen eingetragen hat, weiß, um was es sich handelt. Der Gang mancher Touristen lässt darauf schließen. Apolonias Gang hatte er noch nie beobachtet, er sah sie ja meist sitzend. Sie schien sich auch nicht einer nesselnden Wirkung ihres reibenden Wollkleids wegen verstohlen an den Schenkeln zu kratzen. Den Blick auf ihre Schenkelansätze vermied er sowieso, weil er genau wusste, dass da ihre Spickzettel lagen und er wollte sie nicht durch eine Bemerkung zu einer unverschämten Antwort provozieren. In den Teststunden vermied er auch längere Blicke in die Augen der anderen Schülerinnen, weil sie, ohne den Kopf im geringsten zu bewegen, aber unbarmherzig gegenüber der so denunzierten Kameradin, die Aufmerksamkeit des Lehrers auf die Stelle zogen, wo irgendetwas faul war. Er verglich dieses Schielen mit dem Verhalten der Vorstehhunde, die auf das Zeichen des Jägers lauern. Seit er das bemerkt hatte, brauchte er bei den Arbeiten gar nicht mehr so verkrampft aufzupassen, es genügte, die Augen der Schülerinnen zu beobachten. Wenn er jedoch dem Blick einmal folgte, musste er auch einschreiten. Diesen Triumph über Apolonia wollte er den eingebildeten Bürgerstöchtern nicht gönnen.

Das war der Grund, den er vor sich selbst angab. In Wirklichkeit hatte Apolonia eine Art, ihn beim Mogeln anzusehen, von oben herab, den Kopf etwas nach hinten geworfen, dass er sich jedes Mal fragte, was wohl nicht stimme bei ihm: Hemd falsch zugeknöpft oder Bauch nicht eingezogen? Dass sie schummelte, hatte er gleich bei der ersten Arbeit vermutet, weil das von ihr beschriebene Blatt beim Einsammeln noch leicht gewellt war. So abgebrüht wie es ihr Blick mutmaßen ließ, war sie doch nicht; ein leichtes Schwitzen der Hand hatte sie verraten. In Wahrheit hatte sie das Abschreiben gar nicht nötig. Er war sich auch sicher, dass sie nicht aus dem üblichen Grund abschrieb; vielleicht tat sie es, um sich abzuhärten oder gar, um aus dem Deutschkurs ausgeschlossen zu werden. Einmal hatte sie nämlich so ganz nebenbei und ungefragt eingeschoben, sie mache gezwungenermaßen in diesem Fache mit, weil für die Pflichtzahl der Teilnehmer eine Schülerin gefehlt hatte. Ihr Vater sei immer dagegen gewesen, dass sie diese Sprache lerne, weil er die Deutschen hasse. Du lieber Gott, als ob es unter den Franzosen nicht schon genug Deutschenhasser gäbe, muss dieser *Kluszowniczki* auch noch alle Deutschen über den gleichen Kamm scheren, auch die nach dem Krieg geborenen! Vielleicht weil der Deutschlehrer ein Zwilling war, vom Sternbild her *und* mit einem Bruder geschlagen, der zum Glück nicht vom selben Ei stammte, produzierten sich in seinem Leben fast alle Ereignisse doppelt. Nur die Geschichte mit Apolonia ist einmalig gewesen. So hatte er zum Beispiel in einer französischen Bergwerksstadt im Zentralmassiv einmal einen Polen, seines Zeichens Hauer, zum Nachbarn gehabt. Der hatte ihn und seinen Hund tagelang mit einer Axt verfolgt, weil der Hund dessen vor dem Haus angepflockter Geiß zu nahe gekommen war. »Es kommt nicht in Frage«, hatte er gebrüllt, »dass der Köter eines *boche*[12] meiner Geiß den Arsch leckt!« Als der Deutschlehrer ihn höflich daran erinnerte, dass viele seiner Kollegen und er selbst zwei Tage lang solidarisch gegen die bevorstehende Schließung der Stollen gestreikt hatten, was einen gewichtigen Gehaltsausfall mit sich gezogen hatte, antwortete er, die Solidarität eines *boche* sei ihm keinen Pfifferling wert. Fast täglich wunderte es ihn, wie oft dieses Schimpfwort von den Franzosen jeden Alters gebraucht wurde, was umso erstaunlicher war, als es nicht das einzige ist. *Teuton, fritz, frisé, fridolin, schleu, tudesque, krautmann, doryphore, germain, feldgrau, vert-de-gris, borusse, prusco, casque à pointe …* waren und *sind* ebenfalls sehr gebräuchlich. Um den Ausdruck zu entschärfen, benützte er ihn selbst, auch von sich. Aber es ärgerte ihn trotzdem jedes Mal, wenn er ihn in Filmen oder auf der Straße hören und in den Büchern lesen musste. Und zu der Zeit, als die Schüler noch Fragen stellten, wollte manchmal einer wissen, woher der Ausdruck komme. Dann erzählte er die Geschichte des Teuto*bochus*, wohl wissend, dass es nicht die wissenschaftliche, sondern nur eine amüsante Erklärung des Wortes sein konnte: Teutobochus war der Führer der Teutonen, er war sagenhaft groß und stark. In der Nähe von Aix unterlag er jedoch der Übermacht des Marius. 1615 behauptet ein französischer Anatom namens Nicolas Habicot, die Knochen des teutonischen Riesenkönigs gefunden zu haben. Er wird aber bald darauf Gegenstand des Spotts aller Gelehrten Europas, wenn der Arzt der Marie de Medici nachweist, dass es sich in Wirklichkeit um das Skelett eines vorsintflutlichen Sauriers handle.[13]

Auch wenn es nicht zum Gebrauch dieser Schimpfnamen kam, hatte der Deutschlehrer oft das Gefühl, zum Beispiel bei der Lektüre gewisser Werke wie Jüngers ›Pariser Kriegstagebücher‹, dass die deutschen Soldaten nach dem Waffenstillstandsvertag 1940 vorbehaltsloser empfangen worden waren als fünfundzwanzig oder dreißig Jahre später ihre Kinder oder Enkel, die keine Waffen trugen, ja in vielen Fällen sogar aus der Bundesrepublik emigriert waren, um keine deutschen Waffen zu tragen. Er fragte sich nicht selten, ob die deutschen Politiker überhaupt einen Begriff davon hatten, welche Schwierigkeiten und heiklen Situationen die Nachkriegsgeneration der in Frankreich ansässigen Deutschen bewältigen musste? Ob sie die leiseste Ahnung hätten davon, wie oft jedem von ihnen kurzerhand das Wort abgeschnitten wurde, wenn er es wagte, irgendwo sein Recht geltend zu machen, mit einem »Bei all dem, was ihr getan habt …«

Da kam ihm wieder der Bonald in den Sinn, der ja auch ein Emigrant gewesen war. Er nahm sich vor, nachzuforschen, wie und wovon Bonald in Heidelberg gelebt hatte und warum er überhaupt Heidelberg gewählt hatte. Kaum hundert Jahre vorher waren Stadt und Schloss von den Franzosen in Schutt und Asche gelegt worden. Der Befehl stammte von Louvois[14], dem Kriegsminister Ludwigs XIV., dessen teuflischem Hirn auch die Idee der *Dragonaden* entsprungen war, jener Repressalien, die die französischen Protestanten durch die bei ihnen einquartierten Dragoner erdulden mussten. Einer der eifrigsten Mordbrenner dieses Louvois war der General Mélac[15] gewesen und es wurde dem Deutschlehrer erst in diesem Augenblick seiner Überlegungen bewusst, dass er ja fast täglich als Junge am und trotz Verbotes auch *im* Mélacturm über dem Neckar gespielt hatte, der gebaut worden war, um die Rauchwolken, die Mélacs Annäherung ankündigten, besser erspähen zu können. Von den Armeen Louvois' sind unzählige Rebellen erschossen worden, vor allem in der Pfalz. Aber keine deutsche Regierung tut ihnen die Ehre an, sie als Widerstandskämpfer zu betrachten. ›Schnapphähne‹ wurden sie genannt, *chenapans*, und ihre Exekution als Strafe für verbotenes Plündern dargestellt. Für Strauchdiebe stellt man doch keine Gedenktafeln auf![16]

Er begann sich zu fragen, ob er sich nicht in einen Zorn gegen ungerechte, engstirnig nationalistische Geschichtsinterpretierungen hineingesteigert hatte, um das Bild von Apolonias herausforderndem Lächeln und den Nachklang ihrer frechen Bemerkungen aus seinem Ohr zu verscheuchen. Er hörte sie noch sagen, als er eine schon etwas zurückliegende Arbeit immer noch nicht korrigiert hatte: »Ich hab' Sie gestern ein paar Stunden im Café sitzen sehen, da hätten Sie doch …«

»Hör mal, Apolonia, spionierst du mir nach?« »Nicht nötig zu spionieren, wir alle haben Sie gesehen, Sie haben inmitten ihrer lieben ältlichen Kolleginnen im Freien gesessen, genau da, wo der Hin- und Rückweg des von unseren Betschwestern straff eingerahmten Verdauungsspaziergangs vorbeiführt.« Da zogen die anderen Schülerinnen, die Apolonia gar nicht mochten, schon ihre Münder breit, bereit zum Lachanfall und sahen dabei aus wie Nachtschwalben oder Ziegenmelker, wie sie auch in dieser Gegend genannt werden, und die zu seinen Lieblingsvögeln gehörten.

Kurz vor dieser Szene hatte er mit den Schülern einen guten Text über den Jazz als Protestmusik[17] gelesen. Dieser Auszug war eine zu würdigende Ausnahme, denn bei den meisten Texten der Lehrbücher handelte es sich um die Mauer, die DDR, die deutsche Vergangenheit, die Rassendiskriminierung, die es bekanntlich nur in Deutschland gibt, um Gastarbeiter und Fremdenhass oder aber um stinklangweilige Auszüge aus literarischen Ergüssen, die den französischen Schülern überhaupt nichts bedeuteten, sodass man sich sogar fragen konnte, ob es die Schulbuchherausgeber nicht darauf abgesehen hatten, den französischen Deutschlernenden das Interesse an dieser Sprache, diesem Volk und diesem Land zu nehmen, statt es zu fördern. Aber Apolonia, die nur seine begeisterten Worte über diese Musik registriert und noch nicht begriffen hatte, dass der Text als Einführung in ähnliche Protestbewegungen wie den Expressionismus dienen sollte, hatte unbarmherzig die Frage gestellt, warum er der Klasse eigentlich seinen Geschmack aufdrängen wolle. Ihre Einwürfe sahen immer so aus, als ob sie die Meinung der ganzen Klasse widerspiegelten. Das war aber nicht der Fall, er wusste es genau, nur waren die anderen zu feige, um Stellung zu beziehen oder betrachteten Apolonias Intermezzi einfach als Abwechslung und Würze eines eintönigen Unterrichts. Schließlich hatte er ihr geantwortet: »Aufdrängen, Apolonia, will ich überhaupt nichts, nur aufzeigen. Im Übrigen behalten wir unsere Musik, du deine Mazurka, ich meinen Blues.« »Der Blues«, bohrte sie weiter, »ist aber nicht *Ihre* Musik, sondern die der Schwarzen. Ihre sind allenfalls Jodler und Schuhplattler.« Damit hatte sie wieder die Lacher auf ihrer Seite, zumal sie sich dabei auf die Schenkel geklatscht hatte. Ein andermal hatte er gegen die Kaugummikauerei gewettert und den Papierkorb herumgereicht, wie ein Mesner nach dem Gottesdienst den Opferstock an einer Stange. »Wenn Sie den Kantinenfraß hinunterwürgen müssten, dessen dominierende Zutat aus Knoblauch besteht, würden Sie auch Kaugummi kauen.« Diese Bemerkung war viel frecher als sie aussah und alle hatten es begriffen, weil alle wussten, dass die Lehrer dasselbe Essen serviert bekamen wie die Schülerinnen und auch, dass er sehr oft seine Mahlzeiten mit den Kollegen einnahm in einem Speisesaal, der von dem der Schüler nur durch hohe Fenster getrennt war. ›Sie sollten *auch* Kaugummi kauen‹, wollte sie sagen.

Nach und nach schwand die Bitterkeit aus seinen Rückblicken und Gedanken und von seinem Zorn gegen alle und jeden blieb nur noch ein lächelndes Kopfschütteln übrig. Er zweifelte allerdings daran, dass Apolonias Vater besser für sie kochte als die Kantinennonnen, deren Mahlzeiten ausgezeichnet waren. Oder kochte sie vielleicht selbst? Von einer Mutter war in den Lehrerkonferenzen nie die Rede gewesen. Übrigens war er neugierig, Apolonias Vater zu sehen, wenn auch nur von weitem. Am Wochenende kamen viele Eltern, um ihre Sprösslinge vom Internat abzuholen. Er richtete es so ein, das Schulgebäude zu verlassen, kurz nachdem sie das Haupttor zugeschlagen hatte, um zu einem in der Nähe geparkten Wagen zu gehen. Darin sah er nur einen stämmigen Mann in Khakihosen mit einem überraschend jungen, mürrischen Gesicht, flachstirnig wie eine Bücherlaus, hinter dem hochgeschlagenen Kragen einer speckigen grünen Lederjacke. Sein dunkelblondes Haar schien verfilzt zu sein, wahrscheinlich von *plica polonica* befallen, dem Weichselzopf. Als er Apolonia auf den Wagen zugehen sah, einen verbeulten Lieferwagen, bemerkte er zum ersten Mal die Besonderheit ihres Ganges, sie schnürte wie eine Füchsin. Das muss interessante Spuren geben im Schnee, dachte er bei sich und konnte sich auch des frivolen Gedankens nicht erwehren, dass eine, die derart die Gewohnheit angenommen hat, die Schenkel zusammenzupressen, eigentlich gut gefeit sein müsse gegen allzu ungestüme männliche Unternehmungslust. Die Tochter setzte sich nicht neben den Fahrer; sie begrüßte ihn auch nicht. Mit einem energischen Ruck öffnete sie die Hecktür und glitt in den dunklen Blechkasten. Selbst dabei behielt sie ihren Kopf sehr hoch, leicht nach hinten geworfen. Durch die verdreckten Bullaugen des Hecks fiel etwas Licht auf ihren Hals. Es war der sinnlichste Hals, den er je gesehen hatte.

III Kröterich

Oder: Wird es eines Tages ein europäisches Geschichtsbuch geben?

In gemütlichen alten Bibliotheken Frankreichs hatte er viele schöne Stunden verbracht. Da war die Stadtbibliothek von Toulouse, die abends oft bis zehn Uhr geöffnet war und gut geheizt obendrein, oder die reizende Bibliothek von Albi, wo man von den halbmondförmigen Arbeitstischen aus einen beruhigenden Blick auf den Park *Rochegude* genießen konnte. In *seiner* Stadtbibliothek war das Treppenhaus alt, die Bibliothekarinnen und insbesondere der Staub auf den Büchern, die in der Tat wenig benützt wurden, weil die schreckliche Zeit der Schülergruppenarbeit noch nicht angebrochen war. Der graue flauschige Flaum auf der Oberkante der Bücher erinnerte ihn an seine Kinder- und Jugendjahre in Schwaben, wo er zwei Mal im Jahr seiner Mutter beim ›Bücherklopfen‹ helfen musste. Da wurden zum Entstauben jeweils zwei Bände am offenen Fenster gegeneinander geschlagen. Er schämte sich immer vor Nachbarn und Passanten. Nicht weil sie ihren Spott über seiner Mutter Sauberkeitsfimmel kaum verbergen konnten, sondern weil er befürchtete, die Leute könnten glauben, man wolle sich der vielen Bücher brüsten. Der Staub selbst störte ihn nicht. Was ihn anwiderte, war der süßliche Geruch der alten Schinken, dieses Gemisch von Ausdünstung, Dreck und Druckerschwärze. Generationenlang saugt das Papier wie ein Löschblatt die Sekretion der fleißig schwitzenden Finger und obendrein noch den Speichel oder gar Zungenbelag derer auf, die die unausstehliche Gewohnheit haben, die Finger beim Umschlagen der Seiten abzulecken. Was ihn aber noch mehr aufbrachte als der Papiergestank war, bei der Lektüre der Werke zu

Bonalds Epoche und zur Revolution, die himmelschreiende Dummheit der Masse, für die sich ein paar aneinander vorbeiredende und vorbeischreibende Idealisten gegenseitig aufs Schafott schickten. Sie waren noch nicht kalt, da saß der ultrarechte Bonald in der wohlbemerkt *gewählten* Vertretung des Aveyron-Departements und sie waren noch nicht zu Staub, da schlug Napoleon demselben Bonald den höchsten Posten im Erziehungsministerium vor mit der hübschen Besoldung von zehntausend Franken. Das heißt dem absolutesten Vertreter der Konterrevolution, der übrigens ein paar Jahre vorher in einem im Ausland gedruckten Werk die Rückkehr der Bourbonen gewünscht und vorausgesagt hatte, was aber dem Korsen und seinen Ratgebern entgangen war. Man möchte sich die Frage stellen, welche tiefgehende Änderung das Landvolk von dieser Revolution eigentlich erwartet hatte. Der Verdacht kommt auf, dass es sich mit dem Recht zu jagen und zu fischen völlig begnügte und mit einer Milderung der Strafe für Holzfrevel, wozu schon das Einsammeln von Laub gehörte. Gut, das brachte eine leichte Verbesserung der Ernährung mit sich und die Angst, ihre Männer als Wilderer gebrandmarkt zu sehen, verschwand aus den Gebeten der Frauen. Die Armen konnten sich hin und wieder ein Stück Fleisch in die Pfanne hauen oder einen Saibling. Die Kinder wurden nicht mehr beim Stibitzen der Lindenblüten gleich Äpfeln von den Bäumen geschüttelt, wie es die Ebner-Eschenbach[18] in ›Krambambuli‹ so treffend beschreibt; sie wurden nicht mehr so oft in den Wald geschickt, wo sie sich langsam am Fagin[19] der Bucheckern vergiften konnten. Man vergaß auch schnell, dass die kapernähnlichen Knospen der Sumpfdotterblume essbar sind, dass eine Rabensuppe einem Festtagsessen gleichkam, dass man aus den Blättern des Feldahorns eine Art Sauerkraut gären kann und dass in Notzeiten der würzige Hallimasch von den Bäumen geschabt wurde, nachts, weil das von ihm befallene Holz leuchtet.

Wirklich gelohnt jedoch hat sich der Aufwand nur für die Ultra-Rechte, die verjüngt daraus hervorging und, um nur ein Beispiel zu nennen, dank Bonalds nicht besonders eleganter, aber hartnäckiger Rhetorik, die erst 1792 errungene Scheidung 1816 aufhob und dann fast siebzig Jahre lang Scheidungen unmöglich machte! Es war ungeschickt genug von ihm, und er war sich dessen bewusst, sich in der Einsamkeit dieser Bibliothek in eine Idee zu verbeißen, die ihm den ganzen schönen sonnigen Tag verderben konnte. Hier in diesem Land, nagte es in ihm weiter, pflegt man die Kunst, alle Epochen der Geschichte, auch die gescheiterten, ohne jegliche Selbstkritik zu Siegeskapiteln in den Schulbüchern umzuschreiben. Geniale Geschichtsverfälscher, diese Franzosen, nur so können sie sich als die universellen Großsiegelbewahrer der Menschenrechte aufspielen und weltweit ihre Lektionen austeilen. Und plötzlich war ihm wieder bewusst, was an diesem Tag seine Verstimmung gegen sein Gastland ausgelöst hatte. Frühmorgens schon hatte in allen Schließfächern der Lehrer seiner Schule und auf den Arbeitstischen des staatlichen Gymnasiums eine Unterschriftensammlung gelegen, worin, in diesem Nest des Zentralmassivs, Mitglieder der Lehrergewerkschaft gegen die ›schlechte Behandlung der Kurden‹ in Deutschland protestierten! Er hatte sich nicht zurückhalten können, einem der Verantwortlichen, den er auf der Straße getroffen hatte, zu sagen, er möge doch zuerst vor seinen *eigenen* Tür kehren, wie die Franzosen sagen; er hatte ihm auch berichtet, dass er kaum vierzehn Tage vorher in Stuttgart eine Demonstration von Kurden gesehen habe, auf deren großen Banderolen geschrieben war: ›Behaltet eure Klamotten und eure Konserven, gebt uns Geld!‹ Der Deutschlehrer bereute es wieder einmal tief, in diesem Milieu von Pseudointellektuellen leben zu müssen, anstatt, wie er es immer als Kind gewünscht hatte, das Handwerk eines Steinmetzen erlernt zu haben. Jetzt musste er an die frische Luft, einen guten französischen Kaffee trinken und diese unangenehmen Gedanken von sich abschütteln. Als er von seinem Nebenraum in den Hauptlesesaal kam, sah er Apolonia ganz allein an einem langen Tisch sitzen, mehrere Bücher vor sich, in die sie vertieft zu sein schien. Sie sah nicht auf, als er vor ihr vorbeiging und drehte sich auch nicht um, als er hinter ihrem Tisch in den Regalen stöberte. Die Lust zum Kaffee war ihm vergangen. Die Neugier plagte ihn, was Apolonia wohl lesen mochte. Also stieg er auf einen Schemel und warf einen Blick auf ihre Sachen. Das Deutschlexikon, das kurz vorher dabei gelegen hatte, war nicht mehr zu sehen, als ob sie auf keinen Fall zeigen wolle, dass sie fürs Deutsche arbeite oder selbst kein Lexikon besitze. Die Titelseiten und Buchrücken der von ihr benützten Werke waren so ineinandergeschoben worden, dass nichts mehr zu entziffern war. Hatte sie seine Reaktion vorausgesehen? Während er ein Buch zurückstellte und in einem anderen blätterte, stand sie auf und ging seelenruhig in den Nebenraum, eigentlich nur, wie ihm schien, um einen Blick auf *seine* Lektüre zu werfen. So wollte jeder der beiden wissen, was den anderen beschäftigte. Grinsend kam sie zurück und hielt seinem Blick stand. Ihre breiten weißen Schaufeln zogen an der prallen Unterlippe, als wollte sie sich das Lachen verkneifen. Als sie nach einer Weile aufstand und ging, deponierte auch er seine Bücher bei der Aufsicht, weil der nicht oft verlegte Bonald nur an Ort und Stelle eingesehen werden konnte. Er brauchte sich nicht zu beeilen, wenn er ihr folgen wollte, denn er konnte vom Treppenhausfenster aus sehen, welche Richtung sie einschlug, nachdem sie den Platz mit den Arkaden überquert hatte. Es wunderte ihn nicht, dass sie auch da allein war. Er spürte, sie war eine Einzelgängerin wie er auch, die die Menge, ja schon die Gruppe, hasste. Die schrecklichste Gruppe, die es gibt, da stimmte er wohl mit ihr überein, war die Klasse. Er hatte jedes Jahr Schüler und Schülerinnen gehabt, Individuen, mit denen er sich gut verstand. Mit manchen musizierte er, andere verführte er zum Chinesisch-Studium, selten zum Deutschen: die Missionarsrolle, die Schulräte den Deutschlehrern aufnötigten, missfiel ihm. Aber die Klasse als solche verabscheute er, ja fürchtete er! (Übrigens auch die Lehrer, wenn sie als ›Lehrkörper‹ oder gewerkschaftlich auftraten.) Er kannte nichts Grausameres, Stureres, Sadistischeres als eine Gruppe von Schülern. Er war sicher, dass sie *auch* so empfand; er hat sie nie mit Schülerinnen verkehren sehen, sie saß immer abseits oder kehrte den anderen den Rücken zu. Ihrerseits wurde sie von der Gruppe ignoriert. Das schien ihr aber nichts auszumachen. In der großen Pause sah man sie sowieso selten, wahrscheinlich rauchte sie auf dem Klo. Er ertappte sich dabei, wie er nach einem Bei-, Über-, oder gar Kosenamen für sie suchte, so wie er sich immer mit dem Eber verglich, der sich im Alter von der Rotte absondert, wie es im Übrigen sein französischer Name andeutet. Oder auch mit einem Kröterich, von dem der Naturkundeführer, den ihm der Abbé Delsol einmal geschenkt hatte, sagte, er sei *épris de liberté*, in seine Freiheit verliebt. Der Abbé hatte ihm dieses Buch gekauft, weil der Deutschlehrer nicht glauben wollte, dass darin auch noch in der jüngsten Auflage das Rezept für die Zubereitung von *Nattern* angegeben wurde.[20]

Er konnte sie nicht immer im Auge behalten, weil die auf dem Pflaster der Gasse regelmäßig abgelegten Hundekothaufen auch seine Aufmerksamkeit erforderten. Außerdem erlaubte ihm der gesenkte Blick, schneller an Leuten wie Eltern von Schülern vorbeizukommen, ohne sie grüßen zu müssen und dabei möglicherweise in einem nicht zu vermeidenden Austausch von Höflichkeitsfloskeln das Ziel seines Ausgangs aus dem Blickfeld zu verlieren. Er wusste mit absoluter Sicherheit, dass sich Apolonia, wenn er in einen solchen Haufen treten würde, genau in diesem Augenblick umdrehen und sich vor Lachen biegen würde. Er nahm bei sich wahr, dass er ihr Lachen verdammt gern hören wollte. Und er fand es immer so schön, wie genial die Idee ›sich einen Ast lachen‹ im chinesischen Zeichen für das Lachen, gesprochen *xiao*, zeichnerisch abstrahiert enthalten war.[21]

笑

Es gab jedoch nichts zu lachen. Er begriff, dass sie auf das Kaufhaus zustrebte und das kam ihm auch recht, weil man sich da gut verbergen konnte. Sie bog links ab und er sah ihren Gang vom Profil; im Schnüren wippte sie ein wenig. Über ihre schön gewölbten Schultern hatte sie eine helle Leinenjacke geworfen und die Sonne schien durch das durchsichtige Kleid. Mein Gott, betete er, vielen Dank für das Schauspiel. Er hätte viel darum gegeben, dass es länger dauerte, wenigstens so lange, um das Bild in allen Farben und Details für immer festzuhalten. Von der Rolltreppe aus sah er sie wieder in der Textilabteilung. Sie schloss sich gerade in eine Kabine ein mit einer Sommerhose am Bügel, was ihn wunderte, weil er sie noch nie mit einer Hose gesehen hatte. Er fuhr die Rolltreppe hinab und spähte nach ihr aus der Nebenabteilung. Er beobachtete, wie sie die Kabine verließ und eine Hose ordentlich in einen Ständer zurückhängte, ja sogar glattstrich. Dann hatte er allerdings den Eindruck, dass sie sehr schnell und fast unauffällig etwas unter ihre Leinenjacke zerrte. Die Verkäuferinnen vielleicht auch, denn sie war kaum am Ausgang, da schoben sie schon die Bügel hin und her und prüften nach. »Komisch«, sagte eine, »die kommt fast jede Woche mit ihrem roten Kleid und kauft nie was.« »Fehlt nicht eine Sommerhose?«, meinte die andere. »Nein, die hat sie zurückgebracht.« »Ich denke, es waren mehr davon da.« »Ja, aber nicht in ihrer Größe, das ist die einzige. Die anderen sind alle zwei Nummern kleiner. Da würde die schnell aus der Naht platzen.« Als er zum Ausgang lief, zählten sie noch. Auf der anderen Seite des Platzes verschwand Apolonia in einem Schreibwarengeschäft und tauchte wenig später in einer schattigen Nebenstraße auf, die aber überraschenderweise nicht zur Stadtmitte führte, sondern aus der Stadt hinaus in Richtung Mont-Aigoual. Sie hatte sich eine Tragtüte geben lassen, aus der eine Rolle, wohl Geschenkpapier, herausragte. Sie schien zu wissen, wohin sie mit ihrem festen Schritt ging. Plötzlich kam er sich vor wie im Märchen, Hänsel und Gretel. Hinter ihr fielen, gleich Schneeflocken in der Luft gaukelnd, kleine Papier- und Kartonfetzen zu Boden. Also doch, sagte er sich, Preis und Etikett und so weiter, die sie in ihrer Tasche zerreißt. Seltsam, wie viele Dinge wir gemeinsam haben! Er ließ einen immer größeren Abstand zwischen sich und ihr, weil der Bürgersteig kaum begangen war und verbarg sich, so gut er konnte, hinter den dicken Platanen. Nachdem er versucht hatte, auf den Schnipselchen etwas zu entziffern, sah er, den Kopf hebend, wie sie am Straßenrand winkte und, wie ihm dünkte, ins erstbeste Auto stieg. War das nun so von ihr geplant gewesen oder hatte sie die auf die beiden zukommende Nonne schon von weitem bemerkt? Wusste sie, dass er ihr folgte und wollte sie vermeiden, dass die Nonne sie beide, Schülerin und Lehrer, einzige Spaziergänger in der menschenleeren Straße, in ein paar Metern Entfernung voneinander kreuzte? Für sie war es auch kein Geheimnis, dass die lieben Nonnen trotz des schamhaft gesenkten Blicks immer alles sehen, was um sie herum vorgeht.

Beim Nachhausegehen stellte sich in seinem Kopf konstant die Frage ein, ob Apolonia den Fahrer des Wagens gekannt hatte oder erwartete, ob es ein Zufall war oder eine abgekartete Sache, und als er sich zudem noch dabei erwischte, wie er sich den Fahrer vorzustellen versuchte, obwohl er kaum einen vagen Umriss von ihm mitbekommen hatte und ihn zu hassen anfing – da fand er sich doch ein wenig lächerlich mit seiner Eifersucht auf Bekanntschaften eines Mädchens, das ihn überhaupt nichts anging, das er mehr fürchtete als sonst irgendwen, weil man schwerlich sagen konnte, es sei ihm bisher mit Wohlwollen begegnet.

IV Affe

Oder: Das Wissen schießt aus dem Mund wie ein Pfeil

Eines musste er jedoch zugeben: Am Vortage beim Besuch des Schulrats hatte sie ihn mehrmals fast freundlich angeschaut – oder war es Mitleid gewesen mit ihm? – während er eine Stunde lang von der Rolle des Lehrers in die des Lernenden, ja des Gemaßregelten gerutscht war. Warum lässt du überhaupt zu, dass dieses Mädchen immer in deinem Hirn herumgeistert? fragte er sich. Die Antwort war klar: Es war angenehmer, an Apolonia zu denken als an den Schulrat. Obwohl es keinen Sinn hatte, diese Stunde zu verdrängen, weil er sie früher oder später doch verdauen und bewältigen musste. Unangemeldet war der Inspektor in die Klasse getreten. Die Oberin, die ihn vorschriftsmäßig begleitet hatte, hatte ihm, dem Geprüften, einen fast flehentlichen Blick zugeworfen, der entweder bedeuten sollte, sie sei wirklich nicht auf dem Laufenden gewesen, dass dieser allerseits gefürchtete *inspecteur général*[22] zuschlagen würde, oder aber, dass sie ihn stumm darum bat, im Interesse seiner Stellung sich weder provozieren zu lassen noch selbst zu provozieren, oder gar beides. Diese wunderbare Frau, dachte er, kannte ihn besser als sonst jemand in seinem Leben, außer vielleicht Apolonia. Schon ihretwegen hatte es sich gelohnt, hier sein Zelt eine Zeitlang aufgeschlagen zu haben. In der Folge dieses Anflugs von Dankbarkeit gegenüber der Schulleiterin hatte er auch am Anfang des Kurses sehr brav Konzessionen an gewisse Regeln betreffs des Aufbaus der Stunde gemacht, die jene Beamten des Erziehungsministeriums den Lehrern diktieren und die vor allem dazu dienen, besagte Lehrer schlecht zu benoten, wenn sie sie nicht streng befolgen. Als allerdings die Miene des in der letzten Reihe sitzenden, unablässig schreibenden Inspektors immer düsterer wurde und die Schüler das auf sich bezogen und der Kurs dabei an Lebendigkeit einbüßte, beschloss er, den Störenfried einfach zu ignorieren und die Stunde nach seinem Gutdünken zu Ende zu führen. Weil die Beiträge der Schülerinnen aber meist ungenau waren und die Antworten selten ins Schwarze trafen, malte er mit der Kreide das chinesische Zeichen für ›Wissen‹ an die Tafel:

知

»Das Ideogramm besteht aus zwei Teilen. Das erste Zeichen zeigt einen stilisierten Pfeil, bei dem man noch die Spitze und die Federn erkennt, das zweite stellt einen Mund dar: Wahres Wissen schießt mit der Präzision eines Pfeils aus dem Mund.« Der Schulrat ließ ihn nicht weitersprechen, es schien in ihm zu kochen, er unterbrach ihn gerade jetzt, wo die Schüler sich aufs Neue konzentrieren wollten, mit seiner näselnden Stimme und seinem Pariser Akzent und hielt ihm vor, dass er etwas Einfaches auf viel zu komplizierte Weise erklärt habe und behauptete, die Schüler hätten überhaupt nichts verstanden, wovon ihm der Deutschlehrer gern das Gegenteil bewiesen hätte. Nur kam er nicht dazu, weil der andere brüllte, er lasse sich nicht gern unterbrechen, in Frankreich lasse man die Leute ausreden, *n'est-ce-pas?*[23] Ans Ende jedes Satzes setzte er ein *n'est-ce-pas?* Dann lieferte er eine Mustererklärung, in der ihm allerdings bei seinem deutschen Beispiel ein ganz gewaltiger Schnitzer unterlief. Und jetzt erinnerte sich der Deutschlehrer plötzlich daran, dass er im gleichen Augenblick in Apolonias Ecke ein Auflachen gehört hatte. Hatte sie nun über sein entgeistertes Gesicht gelacht oder hatte sie den Fehler auch bemerkt? Das würde bedeuten, dass sie vom Deutschen viel mehr mitbekam als sie zeigen wollte und als er vermutete. Der Schulrat behielt das Wort bis zum Läuten. Der Deutschlehrer stand stumm mit verschränkten Armen vor seiner Klasse, lächerlich, den Blicken der Schülerinnen ausgeliefert, die dem Alten den Rücken zukehrten. Er beobachtete Apolonias Augen, die sich auf den Schulrat geheftet hatten. Sie hatte sich zur Seite gedreht und musterte ihn, ohne mit der Wimper zu zucken. Die Blicke, die sie *ihm* gewöhnlich zuwarf, waren freundlich dagegen. Wenn sie ihren Deutschlehrer wirklich hasste, dann müsste sie jetzt eigentlich zufrieden sein. Und noch zufriedener, als sie, der Tür zustrebend, die Oberin und ihre Vertreterin hereintreten sah, die beide Tränen in den Augen hatten, was bedeutete, dass sie schon eine Weile hinter der Tür gelauscht hatten. »Nicht nur«, geiferte der Oberschulrat weiter, »haben Sie unbekannte deutsche Wörter übersetzt, statt sie den Schülern mit anderen unbekannten deutschen Wörtern zu erklären, bis sie verstehen ...« »Das kann unter Umständen lange dauern«, war ihm herausgefahren, eine Bemerkung, die die Oberin mit einem lauten Seufzer zu übertönen versuchte. »Sie haben auch noch die Unverschämtheit«, fuhr er fort, »Ihren chinesischen Firlefanz an die Tafel zu kritzeln.« »Das hat uns aber gefallen«, ließ sich schneidend scharf und deutlich Apolonias Stimme vernehmen. »Halten Sie Ihre Gegenwart hier für unentbehrlich?« »Nein«, antwortete sie und, schon außerhalb des Raums, aus dem sie die zwei Nonnen geschubst hatten, fügte sie hinzu: »aber Ihre auch nicht.« »Meine Aufgabe«, begann der Deutschlehrer mit lauter Stimme, damit eventuelle weitere Einwürfe nicht gehört würden, »scheint mir zu sein, die Schüler für die Sprachen allgemein zu begeistern, ja sogar Vergleiche anzustellen. Alle Sprachen können uns bereichern. Ich bin kein Missionar ...« ›des Deutschtums‹ wollte er hinzufügen, aber der Schulrat unterbrach ihn: »Warum sitzen die Schüler so weit auseinander?« »Das macht das Schwatzen der Nachbarn untereinander unmöglich und auch das Abschreiben voneinander bei schriftlichen Übungen.« Er war bis dahin sicher der einzige Lehrer der Schule gewesen, der sich deshalb selten über die Schwatzhaftigkeit der Schülerinnen zu beklagen hatte und betrachtete dies als eine Art Erfolg. Aber der Schulrat verdarb ihm sein bescheidenes Erfolgserlebnis, indem er sagte: »Wenn Sie wirklich in der Lage wären, Ihre Schüler zu motivieren, dann bräuchten Sie sie nicht auseinander zu setzen, denn sie würden nicht miteinander schwatzen.« »Gut, dann lasse ich sie in Zukunft …« »In Zukunft«, äffte[24] ihn der andere nach, »in Zukunft können Sie sich glücklich schätzen, *n'est-ce pas?,* wenn ich Ihnen überhaupt eine Lehrerlaubnis erteile.«

»Haben Sie das Gefühl«, fragte ihn die Oberin später in ihrem Büro, »dass dieser Schulrat einen Grund hat, mit Ihnen besonders unangenehm zu sein?« »Ich sehe keinen, es sei denn, er hat ein Vorurteil gegen die Deutschlehrer aus Deutschland, weil es unter ihnen viele Besserwissertypen geben soll, wie man mir gesagt hat.« »Haben Sie auch daran gedacht, dass das auch daher kommen könnte, dass Sie kein Schulbuch benützen, sondern mit *Ihren* Dokumenten und Fotokopien arbeiten? Nun sind aber diese Herren oft Mitautoren und Herausgeber der offiziellen Schulbücher …« Da ging ihm ein Licht auf. »Ja, natürlich, bei jedem verkauften Buch verdienen sie etwas mit. Und bei uns überhaupt nichts.« »Er hat mich nämlich gefragt, bevor er in Ihre Klasse trat, welches Schulbuch Sie benützen. Ich konnte jedoch mit dem besten Willen keines erfinden.«

In der Nacht überlegte er sich das alles noch einmal hin und her. Und da kam ihm eine andere Erklärung. Der Inspektor hatte mehrere Anspielungen auf die Übersetzung gemacht. Und da fiel ihm ein, dass er kurze Zeit davor einen Brief an einen Dozenten der Universität Aix-en-Provence geschickt hatte, der womöglich nicht sehr gut aufgenommen worden war. Der Dozent hatte behauptet, man könne *alles* übersetzen. Die Studenten, die Einwände und Gegenargumente gebracht hatten, hatte er als ›unfähig‹ bezeichnet und durchblicken lassen, es sei gut möglich, dass er in die Jury des Staatsexamens berufen werde. Das reichte, damit alle klein beigaben. Es bestand die größte Wahrscheinlichkeit, dass sich der Dozent und der Schulrat kannten, zumal sie denselben administrativen Wohnsitz besaßen und in Prüfungsgremien fungierten. Aber der Brief war weg und hatte vielleicht schon eine Konsequenz nach sich gezogen.[25] Die Zeilen an den Dozenten waren aber gar nicht die Hauptsache der Korrespondenz gewesen. Sie lauteten: »Sehr geehrter Herr Professor! Wenn es Ihnen gelingt, beiliegenden Text zu übersetzen oder übersetzen zu lassen, gelobe ich, in einer künftigen Existenz, wie es die alten Chinesen ausdrückten, Ihnen als ›Jagdfalke oder Hund treu zu dienen‹.« Eine Erzählung von sechs oder sieben Seiten war der Anhang des Briefes. Diese Erzählung steht im folgenden Kapitel.

V Boa

Oder: Wenn Sie dieses Kapitel überspringen, kann ich mein Geheimnis für mich behalten

Meine Geschichte hat den Titel ›Boa‹. Nicht wie *bois*, Holz, das ähnlich klingt.[26] Es ist auch keine Form des Verbs *boire*, trinken, vor allem keine Befehlsform, weil ich den Leser nicht zum Trinken verführen will. Der Titel hat überhaupt nichts zu tun mit der *Boa constrictor.* Eine Boa ist auch ein mit Federn besetzter schlangenähnlicher Schal. Aber hier ist Boa ein Ortsname. Wenige Menschen wissen, wo dieser Ort liegt, außer denen, natürlich, die dort oder in der Nähe geboren sind. Er befindet sich im *Ségala*, nahe *Réquista.* Trotz all der »a« am Ende der Worte sind wir in einem französischen Departement, dem Aveyron, der das ›A‹ an den Anfang gestellt hat. Der Name der Gegend kommt von *seigle,* Gerste; es ist eine Hochebene, in die sich Flüsse eingebettet haben, wo man im Sommer baden kann. Manchmal ringeln sich Schlangen an der Oberfläche des Wassers, keine Boas, sondern nur Ringelnattern, die früher als Delikatesse verspeist wurden, nicht nur in Notzeiten, versteht sich. *Requista* ist die Gemeinde Frankreichs, wo es am meisten Schafherden gibt, das heißt u. a. auch Schafswolle, die bei dem etwas herben Klima willkommen ist.

Ich stamme nicht aus Boa und habe bis vor kurzem auch niemanden gekannt, der dort hausen will. Allerdings bin ich oft von *Villefranche-de-Panat*, a, nach *Requista*, a, gefahren und habe mich immer über das Ortsschild ›Boa‹ gewundert. Und eines Tages wollte ich wissen, ob da nicht einer ein Terrarium hat mit Riesenschlangen und bin in den Weiler gefahren. In den dreckigen Straßen, die sich durch das Dorf schlängeln, habe ich keinen

Hinweis gefunden. Aber mindestens hundert Hunde habe ich aus ihrem Mittagsschlaf geweckt. Eine Bäuerin, die nicht mehr das Alter hatte, einen Boaschal um den Hals geschlungen zu haben, wedelte mit einem federbesetzten Stock den Staub in einer Hundehütte auf und zog Spinnweben von der Größe eines Fischernetzes daraus hervor. Man hat ihr wohl einen Hund geschenkt, dachte ich – einer mehr oder weniger. Sie hat mir bestätigt, dass ich mich in *Boa* befand. Hinter mir hörte ich lange alle möglichen Rassen und Mischungen von Hunden bellen. Schnell ist *Boa*, a, völlig aus meinem Gedächtnis verschwunden.

Bis zu dem Tag, wo ich es unvermutet wiedergefunden habe, und zwar in einem Buch. In einer Bibliothek der Gegend hatte ich über einen Philosophen aus *Le Monna*, a, gearbeitet und die Genugtuung ausgekostet, dass der zweifellos noch dümmer war als ich. Oder sagen wir, nicht klüger. Zumindest in dem Werk, mit dem ich definitiv von ihm Abschied nahm. Und weil es sehr stark regnete und die junge Bibliothekarin etwas Schalkhaftes in ihrem Blick und den Mundwinkeln hatte, hatte ich beschlossen, meinen Aufenthalt in der Bibliothek etwas zu verlängern. Ich werde jetzt einen dicken alten Schinken zum Lesen bestellen, sagte ich mir, den sie vielleicht auf den dafür vorgesehenen, dem Publikum sonst nicht zugänglichen Arbeitstischen deponiert und wo ich vielleicht was mit ihr anzetteln kann. In der Tat rief sie mich nach hinten, um eine lange Leiter zu halten. Das tat ich auch und hob ein wenig den Kopf, aber da rief sie sofort: »Nehmen Sie sich in Acht, der schwere Schmöker könnte auf Ihren Kopf fallen!« »Wenn Sie das tun, werde ich an der Leiter rütteln.« Da hat sie den hundertjährigen grauen Staub, der auf dem Buch lag, nach unten geblasen, direkt auf meinen Kopf. »Da sieht man kaum einen Unterschied«, lachte sie; ich verstand wohl, was sie damit sagen wollte.

Etwas abgekühlt ging ich mit dem Buch auf meinen alten Platz zurück, schlug es irgendwo auf und überlegte, wie ich mich rächen könnte.

Als ich mich dann über das Buch beugte, ist mir mein *Boa* ins Auge gesprungen. Ich las: ›in der Umgegend von *Boa* findet man ein sehr schönes grünes Gestein, das in Europa äußerst selten ist.‹

Sofort habe ich das Mädchen vergessen, den Philosophen, den Regen, Hunger und Durst. Ich dachte nur noch an den grünen Stein von *Boa*. Die Seite habe ich an Ort und Stelle fotokopieren lassen, aber ich weiß nicht mehr, wer die Kopie gemacht hat und wer sie mir ausgehändigt hat.

Im Rathaus von *Réquista* wurde ich recht freundlich empfangen. Meine Nachforschungen haben sie nicht wirklich interessiert, aber belustigt. Sie haben alles aufgerollt, was sie an alten Karten, an Plänen, Katasteraufzeichnungen, ja sogar an geologischen Befunden hatten. Keine Spur von ehemaligen Steinbrüchen.

Man hat mir geraten, alte Einwohner zu befragen. Schnell habe ich begriffen, dass sie ›die ältesten‹ sagen wollten, ja die allerältesten. Die sehr alten waren aber alle schwerhörig oder haben sofort angefangen, ihr Leben zu erzählen, von Steinen war nie die Rede. Einer rühmte sich sogar, von seinem Pferd auf die Streikenden von *Carmaux* eingehauen zu haben, als Jean Jaurès der Obrigkeit in die Quere kam.

Ich habe mich als Geologen ausgegeben. Welchen anderen Grund kann einer angeben, der sich für Steine interessiert? Ich hatte aber immer Angst, auf einen Fachmann auf diesem Gebiet zu stoßen.

Eines Tages hat man mir einen Ansässigen empfohlen, der in einem Nachbarweiler wohnte. »Er ist uralt, aber noch ganz schön ›grün‹.« Aber ich soll meinen Wagen verstecken oder zumindest das Nummernschild. Das Departement 13, das darauf steht, macht die Bauern sofort misstrauisch, weil sie es mit Marseille gleichsetzen, wo es nur Gauner gibt.

Ich näherte mich dem Haus, das man mir angezeigt hatte. Das Hundegebell übertrifft das von Boa. Und ein paar streunen schon umher. Einer kommt mir geradezu freundlich schwanzwedelnd entgegen. Er geht an mir vorbei, dreht sich plötzlich um und beißt mich in die Waden. Aus Wut und Schmerz habe ich ihm einen Fußtritt verpasst und er zog sich winselnd zurück. In den Hof des Uralten.

Mit meinem Taschentuch wischte ich das Blut ab, das aus den zwei kleinen Bisswunden floss, die aussahen wie die, welche Vipern hinterlassen und hob den Kopf. Der Alte kam über den Hof auf mich zu. Sein Teint war genau von derselben Farbe wie die Steine des Dorfs *Brousse-le-Château*, das genau sechs hundert Meter tiefer am Abhang dieser Hochebene liegt, zwischen weinrot und violett. Er hielt ein leblos scheinendes Huhn am Lauf, mit dem Kopf nach unten. »Sia hen meim arma Hond Angscht gmacht«, sagte er mit seinem rollenden »R«, das sich wie ein Gurgeln anhörte, »on wenn'r Angscht hot, no beißtr d'Henn. Was soll i jetzt mit dera do ofanga? *Mir* kennat koi Floisch me beiße. Sia kennat's vielleicht bessr braucha als mir. Gebbet Se mr zwanzig Franka, wenn es bhalta soll oder dreißig no kennet Se's mitnemma.« »Sie können es behalten und das Geld gebe ich Ihnen auch, aber ich hätte gern etwas zum Desinfizieren der Wunde, *meiner Wunde.*« »No kommet se halt aine, i hol mae Alta.« Vor der Tür legte er das Huhn auf ein Mäuerchen. Während ich auf sie wartete, fragte ich ihn, ob es nicht in der Nähe einen längst geschlossenen Steinbruch gäbe, nicht um ihn wiederzubeleben, nur um, als Geologe, gewisse Steine ausfindig zu machen. Als ich den Stofffetzen sah, den die Uralte auf meine Wade legen wollte, bedauerte ich tief, dem Bauer gefolgt zu sein. Einen grünen Stein findest du wahrscheinlich nie, aber ein blaugrünes Bein ist dir morgen früh zweifellos sicher. Ich schnappte schnell das Fläschchen und den Lumpen und ging hinaus. »Draußen sehe ich besser«, gab ich vor. Da goss ich etwas Alkohol auf die Wunde und auch ein paar Tropfen auf den Lappen. Beim Eintreten stellte ich fest, dass das Huhn nicht mehr an seinem Platz lag; weder Bluttropfen noch Federn waren zu sehen. Bei einem Hundebiss müsste das Huhn eigentlich ein paar von seinen etwa 8000 Federn verlieren, dachte ich. Aber da fing der Alte an zu sprechen.

Der Bauer erzählte, dass zur Zeit seines Großvaters die Feldwege seines Urgroßvaters schon nicht mehr existierten, dass das Regenwasser nach der Betonierung der Straßen den Abhang hinunterrieselte und Geröllhalden aufhäufte, dass man unfruchtbare oder unzugängliche Gelände den Jägern überließ, dass man aus den Steinen der *restanques*[27], der Mauern, neue Ställe gebaut habe und die Leute der Stadt jahrelang ihren Müll und Schutt den Hang hinabschütteten. »Liaber Mo, do däde besser a andera Farb suacha, des gäb weniger Gschäft.«

Ich hatte den Eindruck, dass alle Steine in der Natur für diese Bauern einen Feind darstellten und dass trotz der Cartagène[28], die er freigebig kredenzte, jeder Eindringling, der sich unterstand, an ihrer Erdkruste herumzukratzen, auch ein Feind war. Ich ging ziemlich entmutigt weg.

Am nächsten Morgen musste ich erst mal den Schnaps verdauen, der diesem Getränk beigemischt ist, dann verstand ich aber, dass mir der Alte unabsichtlich etwas weitergeholfen hatte. Ich musste nach ehemaligen Holzwegen suchen und ihnen folgen, bis sie mir nichts dir nichts aufhören. Wenn es je einen Steinbruch hier gab, hat es auch Pisten gegeben, um die Steine zu befördern. Seine Anspielung auf die Jäger war auch ungewollt nützlich, denn niemand kennt so gut wie sie die Pfade, die ins Dickicht und aus dem Dickicht führen.

Wenn ich die Tage zusammenrechne, die ich dort bei der Suche nach grünen Steinen in Wald, Wiesen und Brachland verbracht habe, komme ich auf eine Woche.

Ich habe sie auch gefunden und zwar gerade in dem Moment, wo ich nicht mehr an sie dachte, weil mich etwas anderes fasziniert hatte.

Im Juni hatte ich in einer Schlucht ein kleines Zelt aufgestellt. Mein Versteck war von keinem Weiler aus zu sehen, ja sogar den Rauch meines Lagerfeuers konnte keiner ausmachen, Jäger waren im Sommer sowieso keine da. Ein herber Marcillac war meine einzige Gesellschaft. Gerade wollte ich ein paar Bratwürste grillen, da hörte ich ein seltsames Brummen. Dann sah ich Schatten, die langsam an und über mir vorbeiglitten. Wie Fledermäuse im Langsamflug. Noch nie hatte ich so ein Schauspiel beobachtet. Es waren Käfer, große Hirschkäfermännchen. Sie fliegen nicht wie Vögel oder Libellen, den Körper parallel zur Erde, sondern sozusagen aufrecht. Da man sie leicht fangen kann, habe ich einen nussbaum- und ebenholzfarbenen gestreichelt, aber nicht lange, weil ich nicht wollte, dass er an Mut und Kraft verliert, um seine Rivalen auf den Rücken zu kippen. Der Kerl hat vielleicht 8 Jahre in der Erde verbracht und hat gerade Zeit, um sich zu begatten, ein paar Monate hochasketisch zu leben (weil ihm sein schönes Geweih zur Nahrungssuche nicht viel nützt) und dann zu sterben.

Ich hatte gelesen, dass sich die Hirschkäfer in verpilzten und zum Teil verfaulten Baumstümpfen entwickeln. An einem vom Blitz gespaltenen Eichentotholz sah ich einen Nachzügler, der seinen Hochzeitsflug noch nicht angetreten hatte. Da seine Zangen viel zu klein waren, hatte er sowieso keine Chance eine Partnerin zu finden. Solche aus schlecht ernährten Larven stammenden Donnergugis hat das Volk früher ›Hungermännchen‹ genannt. Und gerade daneben leuchtete zwischen Buchs und Wacholder ein hellgrünes Gestein. Speckig und mit violetten Quarzkörnern bestickt, wie es in dem Schmöker stand. Ein paar Brocken nahm ich mit. Ich war aber im Zweifel, ob hier je ein größerer Steinbruch war. Vielleicht hatte jemand von Gott weiß wo hierher gebrachte grüne Steine behauen?

Ich hinterließ keinerlei Spur meines Lagers, nicht einmal des Feuers. Ich hätte gern mit jemandem über meinen Fund gesprochen. Aber, wie viele meiner Beschäftigungen, hätte auch *die* niemanden interessiert, oder nur, wenn sie etwas eingebracht hätte.

Ich ließ das Rathaus wissen, dass ich das grüne Gestein gefunden habe und ihnen eventuell ein Exemplar bringen und ihnen den Fundort zeigen könnte.

Ich kam etwas zu früh dort an. Ich setzte mich gegen eine schön warme Fassade. Da hätte ich eine Siesta halten können. Allerdings war ein Fenster etwa anderthalb Meter über mir, aus dem Stimmen ins Freie drangen.

Die Worte ›Stein‹ und ›Felsblock‹ haben meine Schläfrigkeit verscheucht. Zwei männliche Stimmen mit dem gleichen rustikalen Akzent diskutierten. »Das muss ein Trumpf werden für die Gemeinde, das Gestein soll schön und sehr selten sein, ich kann mir eine Kapelle vorstellen oder ein in den Fels gehauenes Naturtheater.« »Oder«, meinte der andere, »ein Museum der Jagd oder der Widerstandskämpfer.« »Davon gab's aber viel weniger als Jäger …« Plötzlich grüßte die beiden eine weibliche Stimme. Ich war sicher, sie schon gehört zu haben. Vielleicht bei den Sekretärinnen? »Das ist die junge Dame, die in der Bibliothek von Saint-Affrique gearbeitet hat, sie hat Geologie studiert. Du kennst sie doch. Sie ist die Enkelin von Albert Durenque. Sie will eine Ausstellung von allen Gesteinen des Aveyron organisieren. Gibt es noch andere grüne?« »Ja, der Grünstein, die Diabase, und …« »Aber die sind alle nicht so schön wie unserer, nicht wahr? Ich glaube, Sie können nicht auf den Geologen warten. Der soll in

Kürze hier erscheinen. Gut, wenn Sie nicht warten können, reservieren wir Ihnen ein Prachtexemplar vom ›grünen Boa‹. Wir schicken Ihnen seine Anschrift usw. Also bis bald!« Er nahm das Gespräch wieder auf: »Wenn wir eine Kapelle bauen, müssen wir den Bischof von Albi kommen lassen.« »Ist unser Bischof nicht in Rodez?« »Egal woher, wir brauchen einen.« »Die Gemeinde hat schon große Mühe, einen Priester kommen zu lassen.« »Wenn wir uns für eine Kapelle entscheiden, muss der Pfaff den Inhalt der Opferstöcke und die Eintrittsgebühren mit uns teilen. Die Sache muss etwas einbringen. Darüber sind wir uns alle einig.« »Alles hängt auch davon ab, wo man die Steine findet und was uns dein Mann herbringt, wenn das alles nicht pure Erfindung ist.« »Dem rate ich, was zu bringen und zwar schnell, die Züchter halten eine Versammlung ab, die schon angefangen hat …«

Bei diesen Worten kroch ich leise bis zur Ecke, wo ich mich aufrichten konnte. Das Gebäude habe ich umgangen und bin zu meinem Wagen geschlichen. Nach etwa zehn Kilometern habe ich den ersten Stein von Boa in ein feuchtes Gehölz geworfen. Ich wünschte ihm, sich mit Moos überwachsen zu lassen und so den anderen Steinen zu ähneln. Den zweiten habe ich bei mir in eine Mauer eingefügt, wo ihn noch nie jemand bemerkt hat. Direkt unter der Dachrinne ist es normal, dass er grün ist, im Aveyron regnet es nämlich viel.

Ende der Übersetzung.

VI Kampfhähne

Oder: Wie wird das Erröten ausgelöst?

Der Buchladen mit der besten Auswahl der Stadt führte auch Bibeln aller Größen und Ausstattungen, Heiligenbilder und Rosenkränze aus Niemholz. Deshalb wunderte es ihn, im Drehregal der Taschenbücher die, wie die Franzosen sagen, in *papier kraft* gebundenen, packpapierfarbenen Bändchen der Sammlung *Libertés* des Verlegers Pauvert zu finden. Das ist die interessanteste Reihe, die in Frankreich je veröffentlicht wurde. Schon der Gedanke an das bevorstehende Lesevergnügen löste bei ihm einen wahren Freudentaumel aus. Alles, was die französische Sprache auszudrücken vermag an Witz, Spott, Bissigkeit, Bosheit, Esprit und Überheblichkeit, ist in diesen etwa vierzig erschienenen Pamphleten enthalten, und zwar zwei Mal pro Band, weil die Herausgeber in ihrem Vorwort ihren Stil dem Gegenstand meistens angepasst haben. Diese Lektüre würde einen Burgfrieden heraufbeschwören können in dem täglichen Kampf zwischen Angezogensein und Abgestoßenwerden seitens der Franzosen, eine zumindest vorübergehende Versöhnung zwischen den unübersetzbaren Begriffen Fernweh und Heimweh, zwischen Frankreichliebe und Gallophobie. Tucholsky hat das besser ausgedrückt.

Allerdings konnte er in diesem Laden mit dem ›Français, encore un effort!‹ betitelten Bändchen des Marquis de Sade[29], den französischen Ausgaben von Panizzas ›Liebeskonzil‹ und Nietzsches ›Antichrist‹ nicht durch die Kasse. Sade hatte er nur angelesen, aber er hatte schnell verstanden, dass die Kirche darin sehr schlecht wegkam. Ganz zu schweigen von den beiden anderen. Man wird schwerlich in einer Buchhandlung Blasphemischeres finden als diese drei Werke. Vielleicht kannte der Buchhändler den Inhalt der Bände gar nicht, aber der Pauker konnte es nicht riskieren, dass sein Kauf den Nonnen hinterbracht wurde oder, schlimmer noch, irgendwelchen Elternbeiräten. So legte er die drei Bändchen zunächst an einen sicheren Platz, wie es die Bücherklauer üblicherweise tun. Dann kaufte er ein dickes französisch-deutsches Wörterbuch. Dass der schmierig-bigottische Buchhändler ihm wieder einmal nicht spontan seinen gemeinhin den Lehrern gewährten Nachlass gab, sondern wartete, bis er ihn erbettelte, bestärkte ihn in seinem Vorhaben. Das Lexikon ließ er gezielt auf den Steinboden fallen. Im Bücken konnte er bequem die drei schmalen Bände, die nicht einmal den Umfang der hier am häufigsten verkauften Bibel ausmachten, in den tiefen Futtertaschen seines englischen Offiziersmantels verstauen, ohne dass seine Hände zum Vorschein kamen. Dem etwas erstaunten Verkäufer erklärte er, er habe ganz zittrige Finger vom vielen Korrigieren.

In Apolonias Klasse hatte er den ›Augsburger Kreidekreis‹ von Brecht gelesen und wollte an diesem Morgen, dem gefürchteten, unter anderem einige ergänzende Szenen aus dem ›Kaukasischen‹ dazu nehmen. Während seiner Vorbereitungen hatte er in der Gestalt Annas beziehungsweise Grusches immer Apolonia vor sich gesehen. Er hatte nie eine Schülerin gehabt, auf welche diese Rollen besser gepasst hätten. Er musste unbedingt erreichen, dass sie wenigstens die Schluss-Szene mit einer der auch ganz wie geschaffen in den Gegenpart passenden Bürgerstöchter spielte. Er hörte sich auch schon in der Rolle des Richter-Azdaks einige saftige Repliken geben.

Er war ziemlich genervt vor die Schüler getreten, weil ihn mehrere Kolleginnen auf den Gängen aufdringlich-neugierig gefragt hatten, was da so rosa durch die Plastiktasche schimmere, die er heute ausnahmsweise mit sich schleppte. Das hatte ihn verspätet und Verspätungen mochte er um alles in der Welt nicht.

Im Eifer seiner Erklärungen berührte er aus Versehen Apolonias Fuß. Das war schon öfter vorgekommen mit Schülern, die in der ersten Reihe saßen. Aber da dachte er plötzlich, sie könne meinen, er habe es absichtlich getan und wurde über und über rot. Er spürte die Röte vom Hals an aufsteigen und Apolonias Blick schien ihr frech grinsend zu folgen. Er musste jetzt unbedingt etwas tun, um die Blicke der anderen Schülerinnen von seinem Rotwerden abzulenken. Es fiel ihm nichts Besseres ein, als von Apolonia ziemlich barsch zu verlangen, mit einer anderen Schülerin vor der Klasse diese Szene zu mimen und den Text dazu zu lesen oder aus dem Gedächtnis zu improvisieren. Optimistisch zeichnete er schon einen Kreis mit der Kreide auf den Fußboden. Es war ihm umso angenehmer, als er dabei einige Sekunden aus dem Gesichtskreis der Mädchen verschwinden konnte. Allerdings war er sicher, dass *sie* seiner Aufforderung nicht nachkommen würde und das wäre nicht das erste Mal gewesen. Nie hatte er ihr gegenüber eine Verärgerung über solche Kurssabotage gezeigt. In anderen Klassen konnte er jähzornig werden, wenn er diese Art passiven Widerstands spürte, wie alle Schwachen unter den Lehrern, die schon erfahren haben, wie schnell die scheinbar heile Welt einer Klasse in ein Freund-Feind-Lager umschlagen kann. Gleich am Anfang des Schuljahres hatte er gespürt, dass bei ihr mit Drohungen, Strafen, aber auch mit geduldigem Warten oder Herauslocken einer Antwort oder irgendeiner Reaktion nichts zu erreichen war. Dennoch konnte er jetzt nicht umhin – *il n'y a rien de pire que les mesures fortes prises par des hommes faibles*[30] – nach Bonald, – sie irgendwie lächerlich zu machen, zumal die andere Schülerin, die die natürliche Mutter des Kindes spielen sollte, schon ungeduldig am Rande des Kreidekreises wartete, als habe sie ganz vergessen, dass sie am Ende vom Richter als ›Schlampe‹ bezeichnet wird, was die Schülerinnen lauthals mit *salope* übersetzt hatten. Beim Kopieren des Bonald-Artikels aus der *Biographie universelle* hatte er den alphabetisch folgenden Beitrag über die Vita eines Wissenschaftlers mitfotokopiert, eines gewissen Bonami, der den medizinisch erstaunlichen Fall eines Mädchens beschrieben hatte, das trotz fehlender Zunge normal sprechen gelernt habe.[31] Deshalb fragte er sie, ob sie überhaupt eine Zunge habe und wollte, von der Klasse perfiderweise Beifall heischend, hinzufügen, sie brauche deshalb nicht zu verzweifeln, weil es zumindest *einen* nachweisbaren Fall gegeben habe, wo ein Mädchen zungenlos sprechen gelernt habe. Da folgte er der allgemeinen Bewegung der Hälse nach links und sah Apolonia, die seinen Blick mit herausgestreckter Zunge erwartete, einer spitzen rosa Zunge. Inzwischen waren alle rot geworden, vom zuerst verhaltenen, dann losbrechenden Lachen, auch Apolonia, deren Augen nur noch lange Schlitze waren.

Er war nicht mehr der Einzige. Das hatte er zwar nicht erreichen wollen, aber es war eigentlich auch eine Lösung seines Errötungsproblems, die er im Grunde Apolonia zu verdanken hatte. Möglicherweise hatte sie schnell verstanden, worauf er hinaus wollte, weil sie unter anderem, wer weiß, den fettgedruckten Titel der Fotokopie bei seinen Sachen in der Bibliothek gesehen haben konnte, als sie aus dem Nebenraum grinsend zurückgekommen war. Diesem Lachanfall folgte eine zweite Welle, sobald er aus seiner Tüte eine Puppe herauszog, sicher nicht die schönste, aber die größte, die er in der ganzen Stadt hatte auftreiben können und eine dritte, als die Schülerin, die schließlich die für Apolonia bestimmte Rolle übernommen hatte, vergaß, dass sie das ›Kind‹ ja loslassen musste, aus Angst, ihm wehzutun. Die zwei Mädchen zogen an den Händen der Puppe, die im Inneren eine elastische Schnur verband, bis jede einen Arm in der Hand hielt. Brecht wäre nicht zufrieden gewesen und der Schulrat auch nicht. Aber der war doch schon über alle Berge. Und Brecht auch. Als den Schülerinnen, außer Apolonia, die Schminke der Augen die Wangen herabrieselte, klingelte es. Dabei vergaß er ganz ihr Wörterbuch in seiner Ledertasche.

In der folgenden Stunde, am übernächsten Tag, war es *ihr* Fuß, der im Schatten der Tische den seinen suchte. Sie schien viel Gefallen daran zu finden, auf einen simplen Fußdruck hin bei ihm das Erröten auszulösen, wie künstliches Frühlingslicht beim Geflügel den Geschlechtstrieb herbeizaubert. Er verfluchte die Achtundsechziger Mairevolution, bei der Estraden und Pulte abgeschafft worden waren, die eine gewisse Distanz hergestellt hatten. Er verfluchte sich selbst, sich vor dem Kurs eine Reserve an Kreide besorgt zu haben und so Apolonia nicht rausschicken zu können, um eine zu holen; er verfluchte seinen deutschen, milchigen, schweinsrosa Teint, der so schnell purpurn anlief. Er versuchte, etwas an die Tafel zu schreiben oder tat, als ob er einen Gegenstand in seiner Mappe suchte. Aber wenn er aus der Tasche wieder auftauchte, waren seine Röte und Apolonias gnadenloses Grinsen immer noch da. Er wusste, dass sie ganz allein handelte, auf eigene Faust; hätte sie Spießgesellinnen gehabt, so hätte sich bestimmte eine verraten. Jetzt spürte er die Glut an den Ohrenspitzen und war überzeugt, dass er einem Mandrill ähnelte. Er musste sich in den Schatten stellen, nur nicht gegen das Licht der neugotischen Fenster: karminrote und dazu noch durchsichtige Ohren, das wäre wirklich zu lächerlich. Da beschloss sie, ihn zu erlösen, indem sie ihn um die Erlaubnis bat, austreten zu dürfen. Beim Aufstehen stolperte sie über seine auf dem Boden stehende, geöffnete Tasche und der Inhalt ergoss sich auf die Steinfliesen, unter anderem das Wörterbuch, das Bändchen von Sade mit seinem Titel in sehr deutlich lesbaren Lettern, Nietzsches ›Antichrist‹, die Fotokopie von der zungenlosen Marie Grêlard und eine Zahnbürste. Sie kniete ihm gegenüber nieder und half ihm einräumen. Sie sahen aus wie zwei Hähne in Kampfstellung. Bei dem allgemeinen Gelächter sagte er ihr, sie könne das Wörterbuch behalten, es treffe sich gut, denn es liege seit Jahren im Lehrerzimmerschrank herum, eine ehemalige Schülerin habe es nie abgeholt, es trage natürlich, sagte er, auf die abgestoßenen Ecken zeigend, Spuren der Benutzung. Vorher hatte er den Preis ausradiert, einen fiktiven Namen und Vornamen mit einer kindlichen Schrift reingeschrieben. Sie reichte ihm den Sade mit der Zahnbürste drin wie ein Lesezeichen. Zum Glück hatte nicht gerade in diesem Augenblick die Oberin diskret, wie es manchmal vorkam, die Tür geöffnet, um eine der Schülerinnen in ihr Büro zu rufen oder ihm etwas mitzuteilen, was eine elegante Art war, die Disziplin in den Klassen zu kontrollieren. Es wäre ihm wegen Sade und Nietzsche sehr peinlich gewesen und auch ein wenig wegen der Zahnbürste. Außerdem war Apolonias rotes Kleid ziemlich weit nach oben gerutscht, als sie just der Tür gegenüber in der Hocke war.

Als er zu Hause seine Aktenmappe öffnete, fiel ihm ein Brief entgegen. Er besaß weder Anrede noch Unterschrift. Das hatte sie klugerweise vermieden, wenn je der Brief in die falschen Hände geraten wäre. In ihrer sehr schönen, reifen und sinnlichen Schrift schrieb sie:

> »Ich möchte Ihnen einen Vorschlag machen. Aber ich will nicht wie die Katze um den heißen Brei herumschleichen. Also ohne Umschweife: Verbringen wir doch einen Tag oder eine Nacht oder beides zusammen! Und wenn's nur eine einzige ist! Bitte haben Sie keine Angst, ich will mich nicht in Ihr Leben drängen. Mir ist's auch lieb, wenn sich niemand in meines einmischt. Ich weiß genau, auf was ich mich einlasse. Und was auch immer Ihre Reaktion auf

meine Zeilen sein mag: niemand wird je davon erfahren. Bewahren Sie diesen Brief auf, damit Sie einen Beweis haben, dass alles von mir ausgegangen ist. Wenn Sie antworten wollen, werfen Sie Ihr Briefchen in das Fach, das ich, wie alle Internatsschülerinnen, im Gang zum Lehrerspeisesaal habe, den Sie jeden Tag entlanggehen. Sie erkennen es an dem Aufkleber mit dem Dreizack. Sie können auch auf Deutsch antworten, ich verstehe mehr als Sie denken …«

Als er die leichte Tendenz am Zeilenende nach unten bemerkte und eine besondere Form der kleinen g-Schleife und als er sich dabei ertappte, wie er nach seinem Lehrbuch der Grafologie griff, packte ihn ein nie gekannter Zorn gegen sich selbst. Einen trockenen Wortklauber, einen hartherzigen pedantischen Halbintellektuellen, einen des unbeschwerten Genießens und der Hingabe unfähigen Pietistenschwaben schimpfte er sich, einen feigen, vorsichtigen Schulmeister, der Angst hat, mit dem Hintern nicht an der Wand zu bleiben. Da ist ein prächtiges Mädchen, das dir ein Glück in Aussicht stellt, von dem ein normaler Mensch, geschweige denn ein in allerlei Problemen befangener wie du, nicht einmal zu träumen wagt, brüllte er sich an, und du, du suchst nach Stichwörtern wie ›Teigigkeit‹ oder ›Linksrechtsläufigkeit‹ in deinem Grafologie-Lehrbuch. Jeder andere hätte einen Satz gemacht vor Freude!

Dann bohrten Zweifel, ob da nicht jemand dahinter stecken könnte, die er mit ebenso vielen Gläsern Rotwein verscheuchte. Darauf überkamen ihn eine Lust, eine tierische Lust und eine nie erlebte Liebessehnsucht. Er fühlte sich stark genug, das Gittertor der Schule aus den Angeln zu heben, den Nachtwächter zu überlisten und Apolonia im Nachthemd – oder schläft sie vielleicht ganz nackt? – aus ihrem Internats- in sein Junggesellenbett zu tragen, wo er urplötzlich einschlief, nachdem er ein paar aufkeimende moralische Hemmungen mit etlichen zusätzlichen Gläsern Marcillac weggespült hatte.

VII Spannerraupen

Oder: Schlammbeißerei[32]

Schlangen hin, Schlangen her, von diesem Ort fühlte er sich angezogen. Er saß am Rand des Felsens, seine Füße baumelten über der grünblauen Gumpe ähnlich der, aus welcher man ihn zwölfjährig *in extremis* gezogen hatte. Das war zu der Zeit gewesen, als der Neckar noch nicht begradigt war. Seltsamerweise war genau an derselben Stelle, im selben Strudel, die Schwester seines Vaters ertrunken. Männer hatten die Wasserleiche in einer Schubkarre heimgefahren. Schubkarren wurden viel benützt damals. Selbst zum Einkaufen eines Brotlaibs, zum Beispiel. Nicht um das Brot, sondern das Geld zu transportieren.

Der Deutschlehrer fragte sich, ob es nicht verhexte Plätze gebe, wo mehr Unerklärbares, Seltsames und Tragisches geschieht als anderswo. Mit halbem Ohr dem heraufgurgelnden Wasser zuhörend, ließ er allen Bildern und Gedanken freien Lauf, bis sich, wie es immer verlief, eines oder einer herausschälte und präzise Konturen annahm. Das war, ein paar Sekunden lang, der Wunsch hinabzuspringen und sein Leben mit dem starken Gefühl zu lieben, und geliebt zu werden, beenden zu können. Das einzig Interessante daran wäre es, sein Ableben zu verrätseln. Keiner würde je wissen, weshalb. Aber dann musste er sich lachend eingestehen, dass überhaupt niemand je wissen wollte, warum. Eine Geheimnistuerei um ein Verschwinden kann nur bei berühmten Leuten faszinierend sein. Oder aber er müsste jemandem die Schuld daran in die Schuhe schieben. Dem Schulrat zum Beispiel, der so gemein gewesen war. Ach nein, Apolonia würde es als Flucht auslegen, als Feigheit, auch vor ihr. Dann verließ ihn Apolonias Bild eine Zeitlang nicht mehr. Er dachte an den Brief, den er ihr geschrieben hatte. Das Wort ›Liebe‹ hatte er nicht benutzt, sie übrigens auch nicht, aber vielleicht war es trotzdem etwas wie ein Liebesbrief geworden. Diese Gefahr läuft jeder, der seine Briefe nachts schreibt. Aber das war ihm gleichgültig. In zwei Tagen würde er mit ihr irgendwo hinfahren, irgendwo, wo sie allein sein würden.

Hufgeklapper hatte mittlerweile seine Aufmerksamkeit erregt. Zwei Reiter trotteten vorsichtig über die Brücke. Ein junger Mann auf einem schmutzig-weißen Camarguepferd und eine gleichaltrige Frau im Sattel eines rassigen Fuchses mit einer grell leuchtenden Schnippe zwischen den Nüstern. Bei der Reiterin missfiel ihm dieses obszöne Nachschieben des Unterleibs wie es die Raupen des Spanners bei ihrer Fortbewegung tun. Und *er* saß so steif und aufrecht auf seiner Mähre, als wolle er deren niedrigen Widerrist durch seine Haltung ausgleichen. Er wirkte aber trotzdem viel kleiner als seine Partnerin. Kurz bevor sie auf seiner Seite des Ufers bei der Weggabelung anlangten, kreuzten sie zwei Radfahrer, die aussahen, als würden sie ihre vom Osterhasen geschenkt bekommene Ausrüstung gerade einweihen, wahrscheinlich Deutsche: alles so schön komplett und vorschriftsmäßig, einen farbigen Wimpel vorn, ein schnurrendes Fähnlein hinten mit Sturzhelmen in den dazu passenden Farben und eng anliegenden schillernden Hosen, aus denen teigige Bauchfalten quollen. Auf den Satteltaschen trockneten grellbunte Badeanzüge. Also tatsächlich Deutsche, denen das Wasser nie zu kalt ist. Vielleicht der Farben oder des insektenhaften Schwirrens der Windrädchen wegen scheute nicht das Camarguepferd, denn es war wohl an Moskitos schwärmeweise gewohnt, sondern der Hengst, und bäumte sich, als wollte er mir nichts, dir nichts eine Lippizanerfigur üben, und warf die junge Frau in den Staub. Die Radfahrer betätigten die hier unbekannte Rücktrittbremse, also doch wirklich, und der Kavalier nahm ihr stilvoll einen Stiefel ab. Er sah jetzt, dass der einen blonden Pferdeschwanz hatte und dachte, dass er Apolonia nie mit gelöstem Haar gesehen hatte. Die Radfahrer schienen nicht französisch zu sprechen und die Reiter nicht Deutsch, obwohl nach Bonald jeder junge Mensch in zwei Jahren leicht jede moderne Sprache lernen könne, außer dem Französischen natürlich, *la plus parfaite de toutes les langues modernes et peut-être de toutes les langues.*[33] Mit solchen, das Nationale schmeichelnden Theorien hatte sich der Kerl in die *Académie Française* eingeschlichen! Wie sollten seine Schüler bei diesem chauvinistischen Dünkel, der hier so vielen Intellektuellen seit Jahrhunderten aus den Poren stinkt, Lust bekommen, eine Fremdsprache zu lernen? sagte sich der Deutschlehrer und fuhr dann immer lauter werdend fort: »Wenn der Bonald gewusst hätte, wie Schopenhauer das Französische charakterisiert![34] Und womöglich«, schrie er mit einem Blick auf Felsen, Weg und Brücke, »womöglich war das ehemals oder ist das noch Bonald'sches Gebiet und auf dem ganzen Land liegt ein Fluch, der von ihnen kommt. Wer weiß, ob nicht der Bonald derjenige war, der den König Ludwig den Fünfzehnten ins Jenseits befördert hat, kaum zehn Tage nachdem er, der junge Musketier aus der Provinz, in Versailles nahe dem Bettvorhang des Monarchen aufgestellt worden war, als Befehlsweiterschreier – schriftliche Spuren sollten möglichst unterbleiben – angeblich weil er schon die Pocken gehabt hatte und den König nicht mehr anstecken konnte! Und vielleicht ist der Mensch da unten mit den niedlichen Manieren, ... ja du«, deutete er, »auch einer von denen und hat der Reiterin Unglück gebracht!« brüllte er immer stärker, sodass die vier auf der Brücke aufmerksam wurden und den Eindruck hatten, da mache sich einer über ihre Gebärdensprache lustig und wolle sie nachmachen. Die Radfahrer klappten die Visiere hoch und der Kavalier hörte auf, den Fuß der Dame im Staub zu massieren, was ihr ein paar schmerzlose Sekunden zu bescheren schien. Aber nur Wortfetzen gelangten an die Ohren der unten Stehenden und der sitzenden Frau: »Ein verhexter Hügel ist das und ein verwunschener Fels! Eine vermaledeite Brücke die da unten, schlimmer als die von Bidarray, von der sich der Teufel gestürzt hat, aus Wut, dass es ihm nicht gelungen ist, baskisch zu lernen! Das ganze Land ringsherum ist versabbatet! Weit und breit wächst weder Weißdorn noch Fenchel, weder ein Feigenbaum noch ein Wacholderbusch, kein gelbes Johanniskraut mit den tausendfach vom neidischen Teufel durchlöcherten Blättern, geschweige denn ein Beschreikraut gegen das Berufen!«

»Dosten, Hartheu, weiße Heid
Tun dem Teufel alles Leid …«

sang er, schloss aber plötzlich den Mund, als er sich erinnerte, dass man bei Teufels Nähe nicht einmal gähnen darf und schlug ein Kreuz mit dem Daumen davor. Mit zusammengepressten Lippen tobte er weiter, den Dämonen den Eintritt verwehrend, gestikulierte und klabasterte: »Nur der stinkende Gänsefuß, jawohl, und zwar nach Hering, die gallengrüne Teufelskralle, der Teufelszwirn, auch der Würger genannt, und das klebrige Pariser Hexenkraut! Bitte!« Die Deutschen glaubten, man habe ihnen die Szene von Rumpelstilzchens Zorn oder noch besser (wenn wir schon bei Grimm sind) die drei Wutanfälle des Zwergs in »Schneeweißchen und Rosenrot« in einem Freilichttheater vorgeübt. Und nachdem sich Rumpelstilzchen beruhigt hatte, waren die Wimpelchen weg und der Schönling versuchte vergebens, den geschwollenen Knöchel in den Stiefel einzuführen.

Er sah, dass der Reiterling, der ihm den Rücken zudrehend ein Knie auf ein am Boden ausgebreitetes Taschentüchlein stützte, immer noch keinen Entschluss gefasst hatte, sondern an die Wunderwirkung seines Betrillerns glaubte und nicht einmal zu bemerken schien, dass die junge Frau bei jeder seiner Bewegungen ihr Gesicht zu einer Schmerzensgrimasse verzog. So beschloss er, hinunterzugehen und ihnen seine Hilfe anzubieten. Als er unten ankam, stellte er fest, dass sie recht hübsch war und sehr zierlich. Der junge Mann sagte gerade: »Das ist die Schuld dieser *boches, ma chère*, warum müssen die gerade hier vorbei, man ist nicht mehr *chez soi*[35] in diesem Land!« »Immer die Schuld bei den anderen suchen«, sagte der leise herangetretene Deutschlehrer und zog ihn von hinten an seinem Pferdeschwanz hoch. »Was fällt Ihnen …?« schrie der andere. »Nur ruhig bleiben, sonst kommt der *écourteur*, der Stutzer, und dann fehlt dir ein Attribut deiner Männlichkeit. Ist das klug, eine Frau ohne Reiterfahrung auf einen Hengst neben einer Stute zu setzen, die augenscheinlich rosst? Ich werde das bezeugen und du darfst der Dame eine Beinprothese bezahlen«, blinzelte er der jungen Frau zu, die aber keinesfalls schockiert schien, im Gegenteil. »Wer sind Sie überhaupt?« »Vorläufig bin ich jemand, den Sie beschimpft haben …« »Ich konnte ja nicht wissen, dass Sie auch ein …« »Ja, ich bin auch einer davon.« »Wissen Sie, die Leute haben unter den Nazis viel gelitten hier …« »Ich weiß«, sagte der Deutschlehrer mit Nachdruck, »alle waren im Widerstand und du auch, du warst zwar noch nicht auf der Welt, aber du bist ein geborener Widerstandskämpfer wie die anderen alle auch. Und die Deutschen waren alle Nazis, so einfach ist das. Mein lieber Freund, als meine Mutter bei meiner und meines Zwillingsbruders Geburt ein Geschenkpaket bekommen hat mit einem Glückwunschbrief des Führers, ihm *zwei Soldaten* beschert zu haben, hat sie dieses Paket zurückgehen lassen, obwohl wir nichts zu beißen hatten. Dafür hat sie alle öffentlichen Scheißhäuser der Stadt putzen müssen, ein paar Mal am Tag. Riecht man das vielleicht noch, *mon cher*?«, fragte er den Mann, ihn am Kragen packend und zu sich heranziehend. »Und wenn ihr den Deutschen ewig vorwerfen wollt, was sie getan haben, weil das euer eigenes schlechtes Gewissen besänftigt, dann dürft ihr sie auch nicht als Touristen kommen lassen, um bei ihnen fett zu kassieren.« »Hören Sie mal, ich bekleide eine hohe Stellung im Bankfach. Und die Dame …« »Siehst du, das habe ich auch an dir gerochen«, unterbrach er ihn und wusste jetzt, welche Genugtuung der Schulrat gehabt haben musste, ihm dauernd das Wort abzuschneiden, »dass du ein Bankheini bist. Deine Finger können meinetwegen flink Geldscheine hinblättern, aber vom Massieren hast du keine Ahnung.« »Das werde ich Ihnen heimzahlen«, fauchte der junge Mann. »Mit Zinsen, was? Vergiss nur nicht deinen Bankjargon. Sie erlauben, *mon cher*, dass ich der Dame jetzt ein Fußbad genehmige«, sagte der Deutschlehrer, seine Hand unter die schmalen, aber wohlgeformten Schenkel der immer noch im Staub sitzenden jungen Frau schiebend. Er fragte sich, ob Apolonia viel schwerer war, ob er sie so leicht tragen könnte. »Fassen Sie diese Dame nicht an«, überschlug sich die Stimme des Banklings, der von hinten an seinem Hemd zupfte. »Denk an deinen Wallachschwanz«, mahnte er ihn grinsend. Zu seiner Befriedigung stellte er fest, dass die junge Frau auch lächelte. »Schaff uns einen Beifuß her!« rief er ihm zu. »Was soll das?« »Einen Beifußstängel oder *artemisia*, wenn's dir lateinisch lieber ist«, setzte er unablässig redend hinzu, damit die Frau mögliche Schmerzen vergessen sollte, während er sie ans Ufer der Dourbie trug. »Wenn du ein Angler bist, aber wahrscheinlich bist du ein Golfer, dann glotz mal in den hohlen Stiel des Beifußes. Da sind oft Zünslerraupen drin, die darfst du behalten, weil sie gut sind zum Ködern! Der Apulejus kannte schon eine Fußsalbe aus Beifuß, aber wir begnügen uns damit, die Pflanze auf der schmerzenden Stelle zu zerreiben. Also beeil' dich! Oder aber du findest mir ein paar Kastanien, das wird dich aber längere Zeit in Anspruch nehmen, denn nachdem du sie zerkleinert hast und in eine Flasche gesteckt, die du mit Brennspiritus aufgießt, musst du acht bis zehn Monate warten, bis die Salbe so weit ist. Aber vergiss nicht!«, schrie er. »Was soll ich nicht vergessen?« fistelte der aufgebrachte Jüngling zurück, dessen Gesichtsausdruck verriet, dass er am Verstand des unerwünschten Helfers zweifelte oder sich fragte, ob er einen Albtraum träume und ob das alles Wirklichkeit sei, zumal ihm von seiner Freundin keine Unterstützung zuteil wurde. »Vor Sonnenlicht schützen und nur äußerlich anwenden. Und noch etwas: Wenn du je nachforschst, der Apulejus ist der Platonicus, nicht verwechseln!« Die Dame am Flussufer absetzend, fügte er leise ihm zugewandt hinzu: »Wie du wohl auch, oder bist du etwa der gekörte Beschäler?«

VIII Betropfter Schnellschwimmer

Oder: Der Reiz der vergessenen Wörter

Dann änderte der Schönling plötzlich seine Taktik; vielleicht hatte er sich an einen psychologischen Kurs über das Verhalten gegenüber Bankräubern oder bei Konfliktsituationen erinnert, den er während seiner Ausbildung auswendig gelernt hatte. Fast flehend kam er herbei und bat ihn weinerlich, die Füße der Dame nicht ins Wasser zu hängen. »Das eiskalte Wasser«, antwortete der Deutschlehrer, »ist das beste Mittel gegen eine Schwellung. Das wird ihr guttun und die Schmerzen lindern.« »*Une vipère va la piquer, vous serez responsable!*«[36], jammerte er. »He, wiederhol' das mal, Bankheini. Was du gerade gesagt hast, ist eine *cacologie*, ein schlimmer Französischfehler. Nicht gut bei einem leitenden Angestellten. Eine Viper sticht nicht, sie beißt. Im Deutschen wird derselbe Fehler gemacht, sogar der Heine macht ihn, dem dein Milieu nicht fremd war. ›Schlangenstich‹ hat er gedichtet, aber das war ein großer Dichter und da war der Reimzwang, den hast du nicht. Und heb doch mal dein Sacktüchlein auf, das dein zartes Knie beschützt hat, es liegt noch dort auf der Straße. Übrigens darfst du mein Auto nehmen und Hilfe holen«, sagte er, ihm den Schlüssel zuwerfend. »Ich muss wohl oder übel hier bleiben bei der Dame und die zahlreichen Kreuzottern verjagen. Bis jetzt habe ich noch keine gesehen, nur … schau her, hier kommt er wieder … nur einen unschuldigen Käfer, eine Art Wassertreter mit dem Namen ›Betropfter Schnellschwimmer‹. Siehst du, da ist ein großer Unterschied zwischen deiner Muttersprache und meiner: Das Französische erfindet zahlreiche Schimpfnamen für die Deutschen und das Deutsche erfindet malerische und gleichzeitig wissenschaftlich zutreffende Namen für die Käfer, zum Beispiel. In deiner Muttersprache hat der da *keinen* Namen. Eben nur ›Käfer‹. Stell dir vor, er schwimmt in allen Gewässern Frankreichs und ist namenlos, der Arme. Wie wenn *dein* Name einfach nur ›Banker‹ wäre!«

Der Jüngling zögerte lange. »Wenn du je damit gerechnet hast, dass du mit der Dame abfährst und ich auf deine Gäule aufpasse, hast du dich geirrt. Ich bin nicht dein Pferdeknecht.« Die junge Frau drehte sich dem Wasser zu, damit ihr Kavalier nicht sehen konnte, dass sie gegen ein Lachen ankämpfte.

»Hat Sie der Ausdruck *boche* wirklich so aus dem Häuschen gebracht?«, fragte die junge Dame freundlich, als ihr Begleiter verschwunden war. »Ja, unter anderem; sagen wir, das hat mir den Rest gegeben. Ich kann es nicht mehr hören. Es ist ja nicht nur das Wort, es ist der Zusammenhang, in dem es gebraucht wird, der mir auf die Nerven geht. Dieser Ausdruck hat bei mir die Wirkung einer Maulschelle und ich habe jedes Mal das Gefühl, einen Schritt rückwärts zu tun in eine hässliche Vergangenheit, wie beim ›Mensch-ärgere-dich-nicht‹, wenn man an den Ausgangspunkt zurückgewürfelt wird. Wie soll man da von einem zukünftigen Europa träumen, in dem die Menschen ohne diese stetige Aufrechnung der Vergangenheit der *anderen* auch moralisch gleichberechtig zusammenleben? Aber meine Reaktion ist schon heftiger gewesen. Vielleicht gibt es einen Fortschritt. Keine Angst, Ihren Freund werde ich nicht mehr belästigen. Schauen Sie mal, eine Äsche, dort bei dem quirlblättrigen Wedel, der aus dem Wasser ragt und übrigens ›Rossschweif‹ heißt; man sagt, ihr Fleisch habe Thymiangeschmack, ich habe es aber noch nie gekostet.« »Erzählen Sie mal die Geschichte mit der heftigen Reaktion! Zuvor möchte ich aber wissen, was das Wort *écourteur* bedeuten soll. Gibt es das oder haben Sie das erfunden?« »Nein, so weit bin ich noch nicht. Der französische Wortschatz fasziniert mich, vor allem der, den man nicht mehr benützt. Deshalb verbringe ich viel Zeit über alten Wörterbüchern. Besagtes Wort steht übrigens in wenigen mit der Bedeutung, in der ich es gebraucht habe. Schade, dass Begriffe, die es nicht mehr gibt, zum Beispiel Berufsbezeichnungen, auch aus den Lexika verschwinden. Das Wort hatte früher zwei Bedeutungen: die erste war die eines Stutzers, sozusagen eines Pferdefriseurs, der das Rosshaar kaufte und damit Polsterer, Sattler, Pinselmacher, Lautenfabrikanten und Angler belieferte. Die zweite«, dozierte er weiter, »bezeichnete im Grunde dasselbe Handwerk, nur dass dabei Mähne und Schweif bei Nacht und Nebel von einer Art Wilderer gestohlen wurden. Ich weiß, dass das als unnützer Wissensballast gelten kann, aber die Wörter mit allem, was darin und dahinter steckt, üben einen unwiderstehlichen Reiz auf mich aus.« »Und Ihre Geschichte?« »Nun ja, irgendwie müssen wir die Zeit überbrücken …«

»Ich habe in einem provenzalischen Dorf gewohnt, einem der bekanntesten, mit Mühle und allem Drum und Dran und da wollte ich ein Haus bauen. Die Baugenehmigung musste durch die Hände, nicht des Bürgermeisters, der ein gemütlicher Ölmüller war, nein, seines Sekretärs, der in dem Nest und darüber hinaus alles unter Kontrolle hatte und wirklich alle Fäden des kommunalen Lebens in seinen fleischigen Fingern zu halten schien. Dieser Sekretär wollte mit den Papieren nicht rausrücken, obwohl die Frist längst abgelaufen war, aber auch keinerlei Erklärung abgeben. Bis er eines Tages, als keine Angestellten mehr in den Büros waren, so um den Brei herumredete: ›Es gebe in der Tat ein Mittel, die Prozedur zu beschleunigen, ja radikal zu beschleunigen, bloß sei das eben nicht billig, weil er da gewissen Leuten Geschenke machen müsse, sie in die besten Restaurants einladen müsse, usw. Kurz, die verlangte Summe stieg von Besuch zu Besuch an, bis zu dem Tag, an dem ich drohte, alles an die große Glocke zu hängen. Da sagte er mir lachend, ich hätte keine Zeugen und er habe nur Bargeld ›vermittelt‹. In der Provence sei er unantastbar und *mir* würde sowieso niemand glauben, mir, einem doppelten Ausländer, weil ich weder in Frankreich noch in der Provence geboren sei, ich sei nichts als ein reingeschmeckter *boche*, die er alle satt habe, wie die *bicots*, die *pieds-noirs*, die *piches, die youpins* und die *ch'timis*.[37] Wissen Sie, dass Ihre Augen dasselbe Blau haben wie die Eier des Schlammbeißers? Vielleicht ist Ihnen die Bezeichnung ›Wetterfisch‹[38] lieber. Dort hängen ein paar, an den Steinen im Wasser, gegenüber der Binsenartigen mit den reitenden Blättern. Wenn das eine Sumpfährenlilie ist, dann hat sich ein lustiger Zufall ereignet. Denn sie heißt oder besser hieß *brise-os* oder *casse-os* im Volksmund. Leider finden Sie diesen Ausdruck selten in den botanischen Büchern. Da steht *narthécie ossifrage*[39], als ob das französisch wäre! Die französischen volksmündlichen Ausdrücke kommen dem Deutschen sehr nahe: ›Beinbrechgras‹, ›Knochenbrecher‹. Es handelt sich allerdings nicht um die Beine schöner Damen, sondern um die von Kühen. Der Verzehr der Pflanze soll die Knochen spröde machen und zu Brüchen führen. Meine Abschweifungen gehen Ihnen sicher auf die Nerven. Meinen Schülern übrigens auch, nicht allen, aber einigen davon. Ja, und dann kommt meine Rache. Zum Glück nicht ganz so, wie ich es damals wollte. Ich wusste, dass besagter Sekretär ein fanatischer Jäger war und am Rande der Hügel allein in einem *mas*[40] wohnte; ich wollte ihm bei seinen Streifzügen auflauern. Vom ersten Tag der Jagdperiode an brachte ich, wenn er arbeitete, seinem Hund hin und wieder ein Stück Fleisch und streichelte ihn durch den Drahtverhau seines Zwingers bis er mit dem Schwanz wedelte, sobald er mich sah oder roch. Denn jedes Mal zerrieb ich Rosmarinnadeln zwischen meinen Fingern und trug auch dieselben Kleider. Gleichzeitig habe ich ausgekundschaftet, wann und wo der Sekretär am liebsten jagte. Eines Tages folgte ich ihm in ein felsiges Gebiet. Es waren nicht die Felsen der Dourbie oder der Jonte, nur die der Alpilles, der Älpchen, aber schon so steil, dass Dohlen in den Wänden nisteten und Eulen, dem Gewölle und dem Geschmeiß nach zu schließen, das man dort findet. Da oben picknickte er auch meistens. Sehen Sie, das dort ist ein Moderlieschen[41].« Er benützte das französische Wort, *able*, das deutsche Wort war ihm aber zuerst in den Sinn gekommen, wegen seines Ursprungs ›mutterlos‹, *petit sans mère,* der seine Gedanken ein paar Sekunden lang zu Apolonia abschweifen ließ. Vielleicht weil er die ihm nicht gerade zum Ruhm gereichende Folge der Geschichte hinauszögern wollte, erlaubte er sich eine erneute Abschweifung zum deutschen Namen des Fisches. »Fast unglaublich, wie gut unsere Vorfahren auf dem Land die Natur beobachteten, als sie den Tieren und den Pflanzen ihre Namen gaben. Bei diesem Fisch haben sie bemerkt, dass er in Gewässern auftauchen konnte, wo kein Rogner und kein Milchner abgelaicht haben. Eine Erklärung dafür fanden erst die moderneren Zoologen: Befruchtete Eier haben am Fuß eines Vogels kleben können, der sie in ein anderes Gewässer getragen hat, in dem sich keine Mutterfische befinden.«

»Ja, und da ist es mir gelungen, mich leise an ihn heranzupirschen; es war der schmerzhafteste Gang meines Lebens, denn ich musste mit meinen leichten Hosen durch ein Gebüsch von Stechginster, dessen Dornen meine Beine schnell in ein juckendes, eitriges Netz von Schrammen verwandelten. Als ich ihn mit seinem eigenen Gewehr bedrohte, das er arglos hinter sich gelegt hatte, richtete sich der Fettsack hündisch hechelnd mühsam auf und, wie von einem Platzregen getroffen, schwitzte er plötzlich Blut und Wasser. Angstschlotternd wich er bei jedem meiner Schritte einen Schritt zurück, dahin, wo ich ihn haben wollte, an die Felskante. Ich glaube, ich hätte ihn vollends bis dorthin gedrängt und ihm auch möglicherweise geholfen, abzustürzen. Bloß hatte der da eine Idee, eine lächerliche Idee, aber wahrscheinlich die schlaueste, die er je gehabt hatte: kaum einen Meter vor dem Absturz zog er einen dicken Filzstift aus einer der zahlreichen Taschen seines Jägergewands, stülpte blitzschnell die Hemdsärmel hoch und die Hosenbeine und schrieb wie ein Verrückter auf seine Haut, zuerst *c'est le boche*, dann nur noch *boche, boche, boche*, auf Unterarme, Waden und Hände, bis ich mich geschlagen gab und, ihm das Gewehr vor die Füße werfend, den Rückzug antrat. Als ich etwa zwanzig Schritte weg war, hörte ich einen Schuss. Ich hatte nicht das Gefühl, dass er mir gegolten hatte, das wäre auch recht blöd gewesen, wie hätte er meinen Tod rechtfertigen können? Und ihm selbst auch nicht. Diesen Gefallen hätte er mir nicht getan! Ich drehte mich um und sah seinen Hund mit glasigen Augen sich jaulend in den Schwanz beißen. Der Mann versteht verflucht schnell, dachte ich, es ist kein Dummkopf. Als ich in der Abendsonne Tränen in seinen Augen glitzern sah, hätte ich fast Mitleid mit ihm gehabt. Aber nur der Hund tat mir leid. An eine Gegenreaktion konnte er nicht lange denken. Kurze Zeit darauf ist er an einem Herzinfarkt verreckt oder sagen wir verendet. Und mein Geld habe ich natürlich nie wieder gesehen. Sie sind übrigens die erste Person, die diese Geschichte aus mir rausgelockt hat. Und Sie können sogar zuhören. Ich weiß nicht, ob ich in der Lage wäre, einen völlig Fremden so lange anzuhören.«

»Ja, so völlig fremd sind wir uns ja nun nicht mehr«, sagte sie und legte seine kalte Hand, die er ins Wasser getaucht hatte, auf ihren geschwollenen Fuß. »Wenn ich vorher richtig verstanden habe, sind Sie ein besserer Masseur als mein Begleiter.« Er war dem Miseln, wie es Goethe nennt, keinesfalls abgeneigt. Er kannte sogar genau den Zeitpunkt in seinem Leben, wo er angefangen hatte, alles Weibliche, die Gesten, Formen und Gerüche, fanatisch zu lieben. Das war bei der öffentlichen Mangel gewesen, wohin ihn seine Mutter manchmal mitnahm, weil man die gemangelte Wäsche zusammenfalten musste. Er war immer der einzige Junge. Alle Mädchen und Frauen hatten ihre Kleider wegen des Dampfes so weit wie möglich aufgeknöpft. Wenn sie sich ohne Scheu nach vorn beugten oder sich mit den hochgerafften Röcken Luft zu wedelten, schienen sie von seiner Gegenwart überhaupt keine Notiz zu nehmen. Und er dachte immer mit Rumpelstilzchen: »Ach, wie gut, dass niemand weiß«, wie sehr mir das gefällt. Und jetzt dachte er: Ach, wie sehr mir das gefiele! Aber da waren Apolonias Bild und ihre Weiblichkeit, ihre Schultern, ihr Hals, ihre langen Schenkel durch das weitmaschige Kleid und er war unfähig, der hübschen jungen Frau den Hof zu machen. Dann erkannte er das Geräusch seines Wagens, dem ein Krankenwagen folgte. Keine Minute später stand der Hilfeholer vor ihnen und dann kamen zwei Weißgekleidete mit eine Liege. »Es tut mir wirklich leid«, spöttelte der Deutschlehrer, »Ihnen einen so ungepflegten Wagen überlassen zu haben; sicher haben Sie sich im Staub der Sitze etwas beschmutzt; ich transportiere nämlich alles Mögliche, Steine und Zement für Mäuerchen, Holz für meinen Kamin. Ich konnte natürlich nicht wissen … Außerdem«, fügte er hinzu, »bedaure ich, dass die *boches* nicht Hilfe geholt haben, das enttäuscht mich und ich möchte mich dafür entschuldigen.« »Das hat niemand von ihnen erwartet«, sagte triumphierend der Bankling. »Doch, *ich* habe es von ihnen erwartet und habe die ganze Zeit, solange ich die Wasserschlangen vertrieben habe, auf die Ankunft der von ihnen gerufenen Hilfe gewartet«, behauptete er, sich verabschiedend. Dann kurbelte er alle Fenster herunter, um den starken Birkenölgeruch des Juchtenlederparfüms, das der Pferdeschwänzige in seinem Wagen hinterlassen hatte, abziehen zu lassen.

Als er an der Hauptstraße abbog, sah er einen zweiten Krankenwagen langsam auf seine Abzweigung zukommen. Der Fahrer war so tief in das Studium eines Plans vertieft, dass er die Zeichen, die er ihm gab, gar nicht bemerkte.

IX Strepsiptera

Oder: Anziehen kann so schön sein wie Ausziehen

Im Flur des Gymnasiums kurz vor dem Klassenzimmer nickte sie ihm zu. Das konnte für einen Gruß gelten. Er aber begriff, dass sie seinen Brief gelesen hatte, wo er ihr für diesen Mittwochnachmittag einen Ausflug vorgeschlagen hatte. Sie sollte mit dem Bus das Dorf Massabiau erreichen, dort bei ihm einsteigen und dann wollten sie weiter ins Dourbietal zu einer der romanischen Kirchen aus goldgelbem Tuff oder auf die Höhe in Richtung Montpellier-le-Vieux fahren. Er wartete auf sie am Ortsausgang. Trotz der Hitze blieb er im Wagen. Er fand seine Vorsicht gegenüber der Kühnheit des Mädchens ein wenig schäbig. Sein eigener Ruf kümmerte ihn in der Tat wenig und Apolonia tat sowieso, was sie wollte. Aber auf das Ansehen der Schule musste er Rücksicht nehmen.

Als er sie im Rückspiegel auf der staubigen Straße federnd daherkommen sah, schlug er alle Vorsicht in den Wind und freute sich darauf, dieses junge, starke Leben in den Armen zu halten. Sie kam zunächst zu seiner Tür, umschlang ihn, zog seinen Kopf ans offene Fenster und gab ihm, ohne die Sonnenbrille abzunehmen, einen langen Kuss ihrer trockenen Lippen. »Das ist erst der Anfang«, sagte sie und stieg auf der anderen Seite ein. Sie schien das Ziel der Fahrt schon entschieden zu haben, denn sie bestimmte: »Fahren Sie jetzt ein Stück geradeaus und dann hinter der Kurve gleich nach rechts.«

Als er nach rechts abbog, fuhr er direkt auf die Brücke zu, die zu der Stelle führte, wo die Reiterin den Unfall gehabt hatte und wo er, ein paar Dutzend Meter darüber, seinem Unmut freien Lauf gelassen hatte und noch ein paar Tage zuvor den Vipern begegnet war. »Wir parken nicht hier unten«, drängte sie, »fahren Sie da hoch, wir verstecken den Wagen weiter oben und dann suchen wir uns ein Nest.« Mit vor Überraschung tonloser Stimme fragte er: »Kennst du denn diesen Platz?« »Nein, kennen gerade nicht«, antwortete sie, »aber jedes Mal, wenn ich unten vorbeifahre, habe ich Lust, ihn kennenzulernen.« Als er den jetzt so harmlos scheinenden Schlangenfels passierte, wollte sie wissen, ob ihm der Ort nicht gefalle. »Doch, doch«, nickte er. »Dann können wir den Wagen ja hier lassen«, meinte sie, schon halb ausgestiegen und nach einem ›Nest‹ Ausschau haltend. Sie befanden sich über der Stelle im Fluss, wo er hatte fischen und baden wollen. Aus dem türkisgrünen Wasser ragte unterhalb des Felsens eine mächtige, algenüberzogene Wacke heraus, an der weiß schäumend kleine Wellen emporzüngelten. Am Rain wuchsen sparrige Büsche, auch mehrere Arten von Ahornstauden, die aber, aus einem spärlichen Felsboden sprießend, nie richtige Bäume werden würden. Er beneidete die Ahornfrüchte mit den karmesinroten Flügeln, die ihre Reife in einem wunderbaren Taumel beenden, wenn sie im Spätsommer von ihrem Stamm herunterpropellern dürfen. Nur zwei oder drei Mal in seinem Leben hatte er geträumt zu fliegen und das waren seine schönsten Träume gewesen. Er erinnerte sich noch haarscharf an die Landschaften, die er überflogen hatte, es waren immer die der Schwäbischen Alb gewesen, vielleicht weil eine seiner Lieblingslektüren in den Flegeljahren (!) der Albführer von Gustav Wais gewesen war, den er in- und auswendig kannte. Apolonia rief ihn freudig. Unter Weiden hatte sie zwischen duftendem Waldmeister und nicht besonders gut riechendem Geißfuß ein kleines schattiges Liebesnest entdeckt. Sie lachte, als er übersetzte, dass der Waldmeister auch ›Liebfrauenstroh‹ genannt werde und der Geißfuß auch den Namen ›Witscherlewatsch‹ trage. Es hätte jetzt dem Erzähler gefallen, als Nachbarpflanze und Komplizin das Mädesüß[42] aufzuzählen. Aber diese königliche Staude hätte in diesem Boden nicht wachsen können; im Baumbestand waren weder Erlen noch Eschen, die erlaubt hätten, auf ihre Gegenwart zu schließen.

Es war ihm klar, dass der Mensch, auch der Mann, viel mehr Instinktreaktionen besitzt als er zugeben möchte, wo die Vernunft nur unterschwellig mitspielt, und dass das Heimweh nach der Schwäbischen Alb und die Rückkehr angelesenen, längst verloren geglaubten, Wissens nur Hinauszögerungsmanöver darstellten. Waren sie motiviert von Skrupeln, von Angst vor ihrem Vater, von Feigheit oder schlechtem Gewissen? Die Tatsache, dass Apolonia erst im Herbst volljährig sein würde, konnte er auch nicht auf die leichte Achsel nehmen.

Als ihm aber Apolonias heiße Küsse auf den Lippen brannten, schlugen seine Gedanken eine ganz andere Richtung ein. Er dachte, dass bei ihnen solche Liebkosungen nie in Routinegesten, dass das Spiel ihrer Zungen nie zu den rituellen, einer Tanzstunde ähnelnden Pflichtübungen, linksherum, rechtsherum, entarten würden. Sobald sie sich aber hin und wieder aufrichtete, wie um ihrerseits auch irgendwelche Gedanken oder Skrupel in den Griff zu bekommen, oder ganz einfach, um nach Luft zu schnappen, stellten sich bei ihm die Bilder und Assoziationen sofort wieder ein. Es waren keineswegs unangenehme Dinge, die ihm in den Sinn kamen, und auch keine der Situation fremden Gefühle; sie erlaubten ihm, die Emotionen der letzten Zeit, die seinem Herzen/Hirn ganz schön zugesetzt hatten, in sein bislang eher eintöniges Leben einzugliedern, einzufügen, sie der Wirklichkeit einzuverleiben. Die Details aus Fauna und Flora oder aus der Geschichte halfen ihm, in der Einsamkeit seiner weltfremden Studien, den Kontakt mit der Natur und dem Leben aufrechtzuerhalten. Wie von den Würmchen, die man oft in Kastanien oder Kirschen mitverschluckt, und die im Körper noch eine Zeitlang ihr Unwesen treiben können, ging von diesem auf-gelesenen Wissen eine so starke suggestive Kraft aus, dass er sich jetzt einbildete den Moschusgeruch wahrzunehmen, den die in alten Weiden logierenden kupfergrünen Böcke, *aromia moschata*, um diese Zeit sekretieren. Und dann kam er sich wie ein Minnesänger vor, ein Walther von der Vogelweide, tandaradei, in seiner warmen Mulde, von der aus er auf dem Rücken liegend den blauen Himmel zwischen den Weidenästen beobachtete. Spürte sie, die immer alles ahnt und voraussieht, dass seine Gedanken abschweiften und wusste sie, warum? Vielleicht weiß sie es besser als du, sagte er sich. Sie hat schon mehr erlebt als du in der fast doppelten Anzahl von Lebensjahren. Sie hat eine stärkere Persönlichkeit als du je haben wirst. Ihre flaumige Haut streichelnd und auf die rötlichbraunen Äste der männlichen Weide über sich emporblickend, gedachte er der heimwehkranken Juden, die im Psalm ihre Harfen daran aufhängten. Er lachte vor sich hin, weil er die Nummer des Psalms mit der Nummer des Paragrafen für Verführung Minderjähriger verwechselte, 176 oder 175, es war ja gleichgültig. Apolonia lachte auch und vertraute ihm an, dass sie ihn schon lange kenne, schon bevor er ihr Lehrer geworden war, weil sie ihm abends, aus dem Internatszimmer schleichend, mit anderen Schülerinnen heimlich zugehört habe, als er an dem verstimmten Klavier der Nonnen seine Jazzstücke lernte. »War das Spielen eigentlich sehr mühsam?«, fragte sie ihn schmunzelnd. Er verstand nicht. »Sie haben zwischen den Stücken immer so geblasen, wie jemand, der etwas Anstrengendes oder Peinliches tun muss. Dabei spielten Sie meist mit der linken Hand weiter und man hörte ein Rücken des Hockers und ein unbändiges Blasen.« Da fiel ihm ein, dass die Nonnen manchmal eine Vase voller Eichenzweige mit Eicheln dran auf das Klavier gestellt hatten, aus denen, im Takt der Synkopen zum Beispiel von *Honeysuckle Rose*[43] die weißen Larven des langrüsseligen Eichelbohrers[44] auf den schwarzen Deckel des Instruments fielen, die er von Zeit zu Zeit hinters Klavier pustete, damit sie nicht zwischen die Tasten rollten. Beide fanden seltsam, dass die Nonnen gerade aus diesen Zweigen einen dekorativen Strauß geflochten hatten. Wahrscheinlich habe es mit der wunderbaren Auffindung eines Marienbilds in einer hohlen Eiche zu tun, meinte Apolonia, deren religiöse Bildung die seine weit übertraf. »Und wir schlossen außerdem, aus dem Knarren des Gebälks, dass in der darüber liegenden Etage des Innenhofs auch eine der Nonnen zuhörte. Wir haben aber nie herausgekriegt, welche. Einige von uns glaubten«, stieß sie lachend hervor, »es sei die absolut älteste der ganzen Anstalt gewesen; sie heißt bei allen *la chintoque.*«

Er umarmte sie zärtlich; diese Wallung galt aber auch ein wenig den Ordensschwestern, die ihm mit ihrer unglaublichen Toleranz nie die geringste Bemerkung über seine mehr oder weniger stümperhafte und laute Musik gemacht haben. Apolonia räkelte sich hoch und machte ihre Haare los. Es war das erste Mal, dass er sie so sah. Schön, wie sie den Kopf schüttelnd, ihr Haar in eine natürliche Lage auf Schultern und Rücken brachte. Es gefiel ihm nicht besonders, ihrem Blick folgend, die rötlichweiße Knolle des Hexeneis zu entdecken. Daneben wuchs ein Hartbovist mit seiner warzigen Haut. Er konnte sich nicht enthalten, ihr zu sagen, dass man diesen Pilz im Deutschen die ›Polnische Trüffel‹ nennt. »Gemein ist das!« schrie sie, »ich nehme an, dass der Pilz unverzehrbar oder giftig ist. Allein schon diese Benennung spiegelt den Polenhass der Deutschen wider: Nur ein Pole kann oder soll das fressen.« Jetzt wagte er es nicht mehr, ihr zu sagen, dass das Beiwort ›polnisch‹ so viel wie ›falsch‹ bedeutet, weil er befürchtete, sie könnte eine Anspielung sehen auf die im Französischen recht häufig gebrauchte Verallgemeinerung falsch = verlogen = polnisch, die sich latent in allen Ausdrücken befindet, in denen das Wort ›*crac*‹ oder ›*Cracovie*/Krakau‹ vorkommt, die alle etwas mit lügen oder übertreiben zu tun haben.[45] »Er heißt wohl nur an den Grenzgebieten so«, versuchte er zu beschwichtigen. »Grenzgebiete oder nicht, ich hasse die Deutschen auch, außer Ihnen vielleicht«, setzte sie leise hinzu. »Was sind Sie überhaupt, Franzose oder Deutscher oder beides?« »Bis ich mich mal als Europäer bezeichnen kann, würde ich mich einen französischen Schwaben nennen.« Da bekam sie einen lustigen Lachanfall. »Wissen Sie, was Schwabe im Polnischen bedeutet? Geschrieben *szwab* ausgesprochen ›schwab‹ bedeutet das genau dasselbe wie *boche* im Französischen. »Na, siehst du, alle Minderheiten stoßen auf Vorurteile, Voreingenommenheit, Ressentiments aus der Vergangenheit. Stell dir vor, gestern hat mich ein Kollege angerufen, ziemlich spät am Abend hat er mich gebeten, schnell zu ihm zu kommen, wo nebenan in einem Restaurant besoffene Deutsche Nazilieder singen würden. Wenn das so weitergehe, wolle der Wirt die Polizei rufen. ›Woher wisst ihr denn, dass das Nazilieder sind‹, fragte ich ihn. ›Heio und heidi, heida‹, antwortete er, ›wie in den Filmen‹. Ich habe das Telefon auf die Gabel gehauen und bin hingegangen. Die haben eben Volkslieder gesungen mit hie und da einem unschuldigen ›Heidi, heida‹ im Refrain. Ich bin sicher, dass keiner von den Leuten ein Nazilied kannte. Durchschnittsalter vierzig Jahre. Ich habe in Frankreich mehr Personen kennengelernt, die das berüchtigte ›Horst-Wessel-Lied‹ kannten, als in Deutschland.« »Und wie haben Sie reagiert?« »Ich habe dem Kollegen und dem Wirt geraten, sie sollen sich in Zukunft besser informieren. Und dass ich es besonders unredlich finde von einem Gastwirt, wenn er den Deutschen (wie es bei ihnen üblich ist) *nach* dem Essen flaschenweise teuren Wein serviert und kassiert, bis sie in Stimmung kommen und dann die Polizei alarmieren will, um sie loszuwerden. Übrigens, die Sache mit Polen bei den Pflanzen gibt es auch im Französischen. Da unten am Wasser wächst eine, die ihre Blätter gern ins Nass hängt; hier wird sie *manne de Pologne* genannt und auf Deutsch nur ›schwimmendes Mannagras‹. Früher haben die Bedürftigen auf dem Lande die Samenkörner dieses Grases in Milch aufgekocht, vor allem in Polen.« »Apropos Trüffeln, polnischen oder nichtpolnischen, als ich klein war und meinen Vater bei der Jagd begleitete, musste ich immer einen Korb mit mir tragen, in den wir gleich am Anfang ein paar Pilze legten oder Trüffeln, Kräuter und Schnecken.« »Wozu das?« wollte er wissen. »Na, um etwaige Beobachter hinters Licht zu führen.« »Genau gesagt, heißt das nicht jagen, sondern wildern, meine Liebe, und du musstest herhalten, dass ihr beide wie harmlose Pilz- und Kräutersammler wirktet.« »Ja gut, das erzähle ich Ihnen ein andermal, ich wollte nur sagen, dass ich damals, wenn ich immer lange im Grase liegend warten musste, ein Mittel gefunden habe, Trüffeln ausfindig zu machen.« »Mit Mücken, Hunden, Schweinen?«

»Nein, es gibt einen Käfer, ein kugeliges Mistkäferchen, dessen unterirdischer Gang oft zu einer Trüffel führt. Natürlich verlangt das mehr Geduld als Sie besitzen«, lachte sie. »Wir haben Wichtigeres zu tun, sonst würde ich Ihnen einen Eingang suchen.« »Mich erinnern die Pilze«, erzählte er, »an die Vorbereitungen des französischen Staatsexamens und auch daran, wie naiv ich sein kann. Du weißt, im Deutschen gibt es allerlei Suffixe und darüber kann man im Mündlichen geprüft werden. Beim Suffix *-ling* zitieren die meisten Lehrling oder Zwilling«, »oder Frühling«, fügte sie hinzu. »Ich sehe, du bist eine gute Schülerin.« »Nicht mehr lange«, warf sie lachend hin, was ihm aber entging. »Und ich hatte mir als nicht alltägliche Beispiele eine Liste von recht malerischen Pilznamen vorbereitet, alle auf *-ling*[46], die ich der Jury schnell vorleiern wollte, mit dem Hintergedanken – ich musste ja wirklich blöd sein –, sie zum Lachen zu bringen.« »Und?« »Es kam nicht dazu. Später habe ich begriffen, dass eine Examensjury, die etwas auf sich hält, nicht *mit* dem Kandidaten, sondern allenfalls *über* ihn lacht. Wahrscheinlich hätten sie es so eingerichtet, als hätte ich mich über sie lustig machen wollen und mir einen Strick daraus gedreht. Sogar die ungleich schwierigeren französischen (sprich: griechischen/lateinischen) Entsprechungen hatte ich damals mühsam dazu auswendig gelernt. Und ich würde heute noch meinen Kopf wetten, dass keiner der selbstherrlichen Prüfer auch nur die Hälfte davon kannte. Auf jeden Fall mag ein ›szwabling‹ eine Polackin«, sagte er. »Ja, richtig. Lassen Sie doch mal Ihr Scheißwissen beiseite und küssen Sie die Polackin«, rief sie, sich die Kleider vom Leib ziehend.

Traurig flüsterte sie: »Ich habe so gehofft, mich danach gesehnt, habe davon geträumt, ja mitten im Unterricht. Aber im Grunde wusste ich, dass es nicht gehen würde. Ich habe es schon versucht. Sie sind nicht der Erste. Es ist nicht Ihre Schuld. Ich beginne, meinen Körper zu hassen. Bitte suchen Sie nicht nach einer Erklärung, nach irgendeiner psychologischen Spitzfindigkeit. Und bitte keinen hochtrabenden medizinischen Fachausdruck! Ich glaube zu wissen, woher es kommt, und Sie werden es eines Tages auch verstehen.« »Ich brauche keine Erklärung und außerdem kann ich warten. Hauptsache, du bist nicht unglücklich, Pola.« »Oh, nein, *Sie* dürfen mich nicht so nennen! Woher wissen Sie überhaupt, dass manche mich so heißen?« »Ich wusste es nicht, ich habe irgendwo gelesen, dass Pola die Koseform von Apolonia ist.« »Vorher haben Sie mir eine Blume gezeigt, gegrinst, aber nichts dazu gesagt. Haben Sie vielleicht Gedächtnislücken? Oder wollten Sie zur Abwechslung mal etwas Lustiges sagen? Das käme mir jetzt gerade recht, dann könnte ich vielleicht diesen verkappten Nachmittag und dieses Scheißleben allgemein vergessen.« Er schloss ihr den Mund mit einem Kuss. »Es besteht kein Grund, dass wir damit aufhören.« Sie stimmte ihm lächelnd zu. »Jetzt weiter, wie heißt diese schöne Blonde?« »Nachtkerze. Auf Deutsch. In Frankreich wird sie blöderweise praktisch immer mit ihrem griechischen Namen bezeichnet, *oenothère,* der auf der Annahme der Alten beruht, dass die im Wein getränkte Wurzel dazu taugen kann, wilde Tiere zu zähmen.« »Und deshalb haben Sie gegrinst?« »Nicht nur deshalb, sondern weil sie manchmal auch ›*onagre*‹ genannt wird; das ist ein wilder Esel. Ich wollte dich mit einer Nachtkerze vergleichen, aber der Vergleich mit dem Esel hätte dir wohl nicht gefallen. Es ist die Blume, die in Europa am schnellsten aufblüht. In weniger als einer Minute entfaltet sie ihre Blüten.[47] Sie wurde übrigens als Salatpflanze eingeführt. Früher oder später, Apolonia, wirst du auf irgendeine Art genossen werden, du Nachtkerze! Und, dass wir nicht ›gemeinsamet‹ haben, wie Luther sagt, hat in der Luft gelegen. Die Weide ist der Baum der Keuschheit. Und das nächste Mal bringe ich eine Schleuder mit: Die Turteltaube, die da unablässig gegirrt hat, ist ein Unglücksvogel.«

Apolonias Wangen, die sonst blass waren, wiesen, wie die Rosskastanienblüten nach Bienenbesuch, rote Duftmale auf. In der Insektenwelt bedeutet dieses Zeichen, dass der Besuch zwecklos ist. *On ne visite pas*[48], wie bei Bonalds Schloss steht. Der Deutschlehrer hat dem alten Doktrinär unbeabsichtigt recht gegeben, für den die Lehrer *un corps religieux de célibataires* sein sollen, *dont les corps s'abstiennent.*[49] Sich enthalten! So siehst du aus! Do schleifsch, hätte sein Vater auf schwäbisch kommentiert. Diese Botschaft sandte er jetzt an den Bonald. Und da war plötzlich etwas, was in seinem Kopf unbestimmt zu bohren anfing. Er versuchte, es zu fassen. Ja, der Gedanke an seinen eigenen Vater hatte den Bruchteil einer Sekunde lang wie ein Gespenst das Bild von Apolonias Vater auftauchen lassen. Das Schauspiel des Mädchens, das sich fröstelnd anzog, hatte es aber blitzschnell wieder verjagt. Fasziniert sah er ihr zu. Gleichzeitig registrierte er, fast ebenso fasziniert, das Funktionieren seines eigenen Hirns, als ob sich da ein paar rebellische Zellen unabhängig gemacht hätten, die nicht umhin konnten, ihm beim Schauspiel des mit dem unschönen Wort zu umschreibenden (umgekehrten) Striptease *Strepsiptera* zu suggerieren, jene Fächerflügler, die große Schwierigkeiten haben, sich liebend zu vereinigen, weil deren Weibchen im Hinterleib von Bienen und Wespen hausen, aus dem sie aber nur ihren Vorderkörper strecken können ... Diese im Grund tröstlichen Gedanken formulierte er aber nicht laut, und auch nicht die Erscheinung ihres Vaters. Sie war verzweifelt genug. Er hatte nicht den Mut, sich vorzustellen, was in ihrem Leben schiefgegangen war. Aber er musste sie auf andere Gedanken bringen. Oder aber, sagte er sich, ich gebe ihr einen Anlass, sich über mich lustig zu machen, das hat sie eigentlich nie verschmäht. Doch dann zweifelte er wieder, ob sie nicht im Gegenteil von ihm erwartete, bewusst oder unbewusst, dass er ihr die Gelegenheit gebe, in Worte zu fassen, was sie bedrückte.

Als sie einstiegen, um den steinigen Hang hinunterzufahren, nahm Apolonia seine Hand und drückte sie fest. Er dachte lächelnd an seine Wut, als er bei seinem letzten Besuch hier Rumpelstilzchen gespielt hatte und sah sich gerade wieder da stehen, wo sie jetzt langsam vorbeifuhren. Irgendwie konnte er sich, als alles, was hier geschehen war, an ihm vorüberzog, eines unguten Gefühls betreffs des Genius Loci nicht erwehren. Plötzlich schwang Apolonia ihren Fuß rasend schnell auf seine Seite, drückte damit den seinen aufs Gaspedal und griff, sich über ihn beugend, mit der rechten Hand ins Lenkrad. Der Wagen machte einen Satz auf den Abgrund zu. Zum Glück war die von dem Mädchen gehaltene Hand neben der Handbremse, die er fest anzog. Der Wagen schlitterte und kam knirschend zum Stehen.

Lange sagte keiner ein Wort. »Sie haben Angst vor dem Tode?«, fragte sie dann leise. »Nein«, schrie er, »aber wenn ich keines natürlichen Todes sterben soll, dann möchte ich den Zeitpunkt selbst wählen.« »Ich finde, das wäre ein schönes Ende gewesen, ein gemeinsames, vor allem.« »Das glaube ich nicht einmal. Der Fels ist gar nicht hoch genug! Fünfzehn Meter reichen nicht, liebes Mädchen! Du wärst wahrscheinlich aus der Tür ins Wasser gefallen. Und wir sind nicht schnell genug gefahren, um bis zur Wacke zu fliegen, wo das Auto zerschellt wäre. Schlimmstenfalls beide im Rollstuhl! Das ist alles, was du erreicht hättest. Erklär' mir doch deine Probleme! Ich verspreche dir, ich werde dich nicht unterbrechen und keine Anspielungen machen auf totes Bücherwissen oder auf Persönliches. Sag doch was!« »Es ist vielleicht nicht der beste Moment dafür«, flüsterte sie, auf seine Tür blickend. »Ich traue mich nicht auszusteigen, denn dann wäre das ganze Gewicht auf Ihrer Seite.« »Schau mal einer, so viel Rücksicht, Apolonia«, brummte er. »Das müssen wir wohl oder übel riskieren, denn ich weiß nicht, ob du auf dem Laufenden bist: Meine Tür geht direkt ins Leere und ich gehöre noch nicht zu den ›Luftfahrern‹, wie sich Luther ausdrückt.« Und da lachten sie beide, weil er eben nicht anders konnte. »So schnell gewöhnt man sich das nicht ab«, sagte er. »Jetzt öffnest du vorsichtig deine Tür und steigst aus. Aber wenn du merkst, dass die Karre losrollt und kippt, springst du weg. Hast du verstanden? Ich brauche dann nämlich jemanden, der meinen Rollstuhl schiebt. Wenn sich der Wagen nicht bewegt, holst du drei große Steine. Die schiebst du vor die drei Räder, das vierte hängt ja in der Luft! Ich steige dann auf deiner Seite aus, wenn Gott will.«

Auf dem Weg sitzend, bekamen sie beide Zähneklappern und Schüttelfrost. Kein Mensch würde mir glauben, auch *sie* nicht, dass ich vor nicht langer Zeit in der gleichen Verfassung hier gesessen habe, dachte er. »So weiß habe ich Sie noch nie gesehen!« Und er: »Das nächste Mal, wenn wir uns sehen, falls du mich überhaupt wiedersehen willst, erzählst du mir, was los ist. Stückweise, wenn's zu viel ist. Ich will mich nicht in dein Leben einmischen, wie du es mir empfohlen hast, aber du hast mich in dein Leben geholt. Jetzt will ich verstehen, was da vor sich geht. Ich glaube, wir sind gar nicht so verschieden voneinander, du die Polin, ich der Deutsche. Ich liebe dich oder ich hasse dich. Für beides habe ich gute Gründe. Wenn ich intelligenter wäre, fiele mir alles leichter.« Sie starrte ihn sprachlos an.

»Wir lassen die Karre hier stehen. Unten im Dorf schaust du dich nach einem Bus um oder trampst in die Stadt. Ich erkundige mich nach dem Vater einer Schülerin, die da wohnt, der Vater ist Landwirt und hat sicher einen Traktor. Ich kann dich nicht mitnehmen, weil der, wie gesagt, eine Tochter hat, die an unserer Schule ist.«

Als sie sich schon ein paar Schritte entfernt hatte, rief er ihr nach: »Wenn du's je wieder versuchst, tu es an einem Karfreitag, da ist die Hölle geschlossen. Aber das braucht nicht jeder zu wissen!«

Er blieb noch ein wenig auf dem staubigen Weg sitzen, um sich ganz zu beruhigen. Jetzt hättest du ja fast dein Ahornfluggefühl gehabt, sagte er sich. Dann wurde ihm bewusst, dass er eine Erklärung erfinden musste, warum er hier hochgefahren war. Als er später den Weg hinabging, fand er am Engpass vor der Brücke ein Zettelchen, das an einem abgelaubten Haselnussast aufgespießt war, wie es der Neuntöter mit Kerfen, Raupen und anderer Beute tut: »Die Luftfahrerin liebt Sie, bitte verzeihen Sie ihr.«

»Ich wollte da oben ein wenig wandern und weil der Wagen Schwierigkeiten hat beim Starten, wahrscheinlich wegen der Batterie, habe ich ihn hochgefahren. So war ich sicher, dass er bei der Abfahrt anspringt. Aber da war ich plötzlich geblendet und bin links abgekommen«, erklärte er dem freundlichen Bauern. Der schien übrigens kein Wort davon zu glauben. Er nickte nur zu allem, was der Deutschlehrer erzählte. Dann banden sie zuerst ein starkes Seil um einen kräftigen Baum auf der anderen Seite des Weges und befestigten es am Wagen, damit er die Tür öffnen und die Handbremse lösen konnte. Der Traktor zog den Wagen mit einer Abschleppstange auf den Weg zurück. »Schöne lange Bremsspur«, sagte er. »Halten sie doch am Hof, ich wette, Sie brauchen einen Schluck.«

Als er später eine Strecke die Dourbie entlangfuhr, sah er einen Angler, der gerade einen zappelnden Riesenrotwurm an seinem Haken festmachte. Die Amerikaner heißen ihn *European Nightcrawler*[50] Da fiel ihm das Café in der Avenue de Stalingrad in Arles ein. Dort hatte er einmal ein Sandwich bestellt, das der Wirt gleich vor ihm zubereitete. Dann kam aber ein Kunde, der Köder brauchte fürs Angeln und der es sehr eilig hatte. So holte der Wirt aus dem gleichen Kühlschrank, in dem Butter und Wurst für sein Sandwich lagen, eine in mehrere Fächer abgeteilte, durchsichtige, offene Plastikdose und entnahm ihr behutsam eine Handvoll Blutegel. »Für Hechte, Aale und Zander«, kommentierte er. Die Fleischmaden, von denen er dem Kunden auch eine Portion verabreichte, hatten praktisch die gleiche Farbe wie die Haut seiner Innenhand. »Auf Fischkadaver aufgezogen«, bemerkte er hierzu. Man konnte nicht mit Bestimmtheit sagen, ob nicht ein paar Maden an den Fingern hängengeblieben waren, nachdem er sie ins Tütlein geschüttelt hatte. Darauf hatte er in aller Ruhe kassiert und mit den gleichen Fingern sein Sandwich weiterbelegt. Damals hatte er sich eigentlich gar nicht so geekelt. Aber bei der Erinnerung daran erbrach er sich aus dem Autofenster. Die Aufregungen der letzten Stunden und die Todesangst trugen natürlich auch ihr Teil dazu bei.

Während der Ferien bekam er drei Karten, auf denen jeweils nur eine Zahl stand. Bei der zweiten begriff er, dass es sich um die noch verbleibenden Tage bis zum Schulanfang handelte.

X Warzenbeisser

Oder: Sind die Steine wirklich tot?

An diesem ersten Mittwoch nach den Ferien blies ein schon herbstlich-böiger Wind, der die Blätter in Häuserecken und Mauernischen zusammenfegte. Sie wollten sich in einem kleinen Café am Straßenrand in La Roque Saint-Cucufa treffen. Dieser Weiler liegt auf halber Strecke zwischen den eindrucksvollen Felszerklüftungen von Montpellier-le-Vieux und dem Bett der Dourbie, die sich an diesem Tage smaragden dahinschlängelte. Von Bonalds Schloss ist es eine gute Stunde Fußmarsch entfernt. Unter den Felsen in den Hängen sieht man noch hie und da die Stützmauern der jetzt verödeten Weinberge und vereinzelt einen überlebenden rostrotblättrigen Rebstock. Der Heilige, dem die Kirche geweiht ist, stammt aus Karthago und wurde in Barcelona enthauptet. Sein Kopf genoss große Verehrung in Straßburg und dann in Saint-Denis bei Paris bis zur Revolution. Die Legende erzählt, dass die Getreuen, von Spanien kommend, mit dem Kopf im Gepäck im Dourbietal ausgeruht haben. Des Deutschlehrers Neugier war vielleicht nicht besonders pietätvoll, aber er hätte zu gern gewusst, und zwar mit allen Details, wie die Reise durch halb Europa im 12. Jahrhundert vonstattengegangen war – mit dem heiligen Haupt in einer Satteltasche.

Das Dorf La Roque Saint-Cucufa mit der hübschen kleinen Kirche hatte ihm einmal der Abbé Delsol gezeigt, ein schmitzer, scheinbar biederer Landgeistlicher, der früher unter anderem auch Deutsch unterrichtet hatte. Das gesprochene Deutsch des Abbés war mit Bibelzitaten und Kantatenversen gespickt, auch aus den Bach'schen, obwohl der ja ein Evangelischer gewesen war. Die reihte er sehr geschickt aneinander und bewirkte damit oft gewollt oder ungewollt einen unglaublich komischen Effekt. Einmal hatte er in einem Wirtshaus, wo sie einen *aligot*[51] gegessen hatten, den man mit viel Wein hinunterspülen muss, aus der Brockes-Passion zitiert:

»Jetzt hört man dich zu trinken heischen,
so wie ein Hirsch nach Wasser schreit …«,

was bei den gerade anwesenden Deutschen ein herzliches Gelächter ausgelöst hatte. Der Abbé war immer als solcher schwarz gekleidet mit einem breitrandigen Hut. Er war alles andere als ein Kostverächter und brachte jedes Mal, wenn sie zusammen zu Abend aßen, einen ausgezeichneten, trockenen, etwas herben Rotwein aus dem nicht gerade für seine Weine bekannten Aveyron mit, aus einem ganz kleinen Anbaugebiet namens Marcillac, das auch jetzt noch nur Eingeweihten bekannt ist. Wenn diese Flaschen mal zu kalt waren, hielt er sie wie der Graf de Beausset, Napoleons *aide de camp*, beim Russlandfeldzug dessen Lieblingswein Chambertin zum Chambrieren gegen seine Brust und deklamierte frei nach Bachs achtzigster Kantate: »Komm in mein Herzenshaus.« Mit dem Abbé konnte man über alles reden, am besten auf der Bank in seinem Gewürzgarten, auch über die sich manchmal dort verirrenden Kaninchen, die ihm seine Haushälterin, *Marie des Neiges,* Maria Schnee, als Hasenbrot, das heißt durch den Wolf gedreht und mit einem goldgelben Brotteig überbacken, zubereitete. »Recht und billig«, meinte der Abbé, »nachdem die Biester schon alle meine lieben Kräuter in sich hineingefressen haben.« Mit ihm würde er über das sprechen können, was ihm auf dem Herzen lag.

Als er im Café ankam, hatte Apolonia schon einen Aperitif geleert und einen Aschenbecher gefüllt. Ihre seit den Ferien gebräunte Haut ließ sie älter aussehen als sie in Wirklichkeit war.

Als er sie fragte, wie sie hergekommen sei, lächelte sie nur, legte ihre linke auf seine rechte Hand und ließ sie da eine Weile liegen. Sie schien vergessen zu haben, dass sie vor den Ferien mit derselben Geste ihren Kamikazesturzversuch eingeleitet hatte. Ihre Haut war rau wie die einer Person, die einen Haushalt führen muss und sich nicht pflegen will oder kann. Wieder musste er daran denken, dass von ihrer Mutter nie die Rede gewesen war. Musste sie Mutterpflichten verrichten? Da drückte Apolonia leicht, aber entschieden auf seine Finger, sodass sie sich etwas spreizten und eine kleine aber hässliche Warze zwischen dem letzten Fingerknöchel und dem Nagel am Mittelfinger erschien, die er die Gewohnheit hatte zu verbergen, indem er den Ringfinger draufsetzte. Er hatte sich gesagt: um nirgends anzustoßen, was auch nicht ganz falsch war, denn das Ding blutete leicht und lange. Sie machte eine Bewegung mit dem Kopf auf seine Finger, dann auf ihre Hände, die sie ihm den Handrücken nach oben vor Augen hielt. Auf der braunen Haut zeichneten sich wie Sternbilder sechs tropfrunde helle Flecken verschiedener Größe ab, die eine gekrümmte Linie bildeten, wie Venus im Wassermann, was im Januar vorkommen kann. »Einfach abätzen«, sagte sie. Auf seinen erstaunten Blick hin fragte sie: »Sie sind etwa wehleidig?« »Abätzen?« »Ja einfach mit Schwefelsäure. Wer das nicht aushalten kann!« Sie lehnte sich zurück und schaute ihn herausfordernd an. Hält sie mich jetzt für einen Hasenfuß? fragte er sich. Aber dann wurde ihm bewusst, dass er zuerst an sich gedacht hatte und nicht an sie. Warum hatte er nicht gefragt: Wieso? Wann? Warum auf diese Weise? Hat es wehgetan? Ihre Hände waren feingliedrig und ihre Knöchel auch. Sie dahte bein mit beine wie Walther von der Vogelweide sang, was er damals in der Schule mit ›sie dachte mit übereinandergeschlagenen Beinen nach‹ übersetzt hatte. Und der Dr. Strohmeyer mit seiner kalten Zigarre im schiefen Mundwinkel hatte das mit einem: »Sie haben wohl die Nacht am Klavier verbracht« quittiert, weil das ›*dahte*‹ einfach ›deckte‹ bedeutete. Woher konnte der Strohmeyer nur wissen, dass er in einem kleinen Jazzorchester mitspielte?

Der freundliche Wind entblößte hin und wieder eine Schenkelpartie. Das war schön. Aber die Geste, wie sie das Kleid wieder glattstrich, war noch schöner. Von der Vogelweide hätte seinen Gefallen dran gehabt; der alte Bonald dagegen war streng gegen jegliche Nacktheit, auch in der Kunst. Sie schlug einen Spaziergang vor. Der Weg stieg gleich an; alle Häuser waren mit samtigen dunkelroten Kletterrosen überrankt. Eine Bö bauschte ihr Kleid auf und trug sie im Nu die Staffeln hoch zur Kirche. Sie nahm eine brennende Weihrauchkerze aus dem eisernen Kerzenständer und sagte, in die Knie gehend: »Blasen Sie mich an, überall, damit ich fromm rieche.« Und er blies ihr den Rauch auf die Haare und ins Gesicht und auf die stämmigen Schultern. Als er auf ihre Brust blies, kam sie so nahe heran, dass er befürchtete, ihr Kleid könne durch die Kerzenflamme versengt werden. »So schnell fange ich dann doch nicht Feuer!«, rief sie, sich beschnuppernd, und dann musste er in die Knie und sie vom Nabel bis zu den Waden beweihräuchern. »Sind wir eigentlich Verliebte?« »Wir sind zwischen Verliebten und Liebenden«, antwortete er. »Ach, immer zwischen irgendwas, *entre deux âges, entre chien et loup, entre deux eaux et vous êtes entre mes mains*[52]« sagte sie wie drohend. »Ich möchte in oder auf oder unter was sein, am liebsten in, geborgen, beschützt, behütet.« »Du kannst *in* meinen Armen liegen«, lachte er. »Als ob ich da geborgen wäre!« »Wovor hast du eigentlich Angst?« »Der Angsthase sind doch Sie«, rief sie zurück, dass es im Kirchenschiff hallte. »Sagen Sie mal, die Leute Ihrer Generation und noch ältere, Verliebte oder Liebende«, äffte sie ihn nach und seinen Akzent dazu, »haben sich doch früher in Baumrinden verewigt. Das gefällt mir aber nicht, weil ich nicht weiß, ob die Bäume nicht leiden. Steine aber leiden nicht.

Sie haben doch Werkzeug in Ihrem Wagen unten. Holen Sie doch was zum Reinkratzen.« Mit dem verkohlten Teil der herumliegenden Streichhölzer kritzelte sie den Entwurf zu einem Zeichen auf den Boden. »Heben Sie da und dort einen Stein auf und bringen Sie mir eine Schabe oder einen Kakerlaken oder sonst ein Getier mit.« Soll ich ihr sagen, dass die Schabe auch Schwabenkäfer heißt, Kakerlak und *cucaracha*? Und dass man sie eher in Häusern findet als im Freien? Und wenn ich sie jetzt frage, ob sie ein Kakerlakenrennen veranstalten will wie die polnischen und russischen Emigranten (noch heute) in Berlin und Paris, wird sie wieder böse werden auf mich. So hielt er den Mund, wenigstens dieses Mal.

Draußen im Herbstwind kam es ihm wie ein unglaublicher Zufall oder eine unheimliche Zauberei vor, dass sich dieses Mädchen rein intuitiv, ohne dass vorher je irgendwie die Rede davon gewesen war, einem Element seines Lebens genähert hatte, das ihn in seiner Jugend zwei oder drei Jahre lang beschäftigt und fasziniert hatte, nämlich dem der Steinmetzzeichen. Er hatte als Junge – vielleicht existierte sie noch in einer Mansardenschublade, aber da war wenig Hoffnung, da sein Zwillingsbruder nach seiner Übersiedlung nach Frankreich, d. h. seinem ›Verrat‹, alle seine Sachen in den Müll geworfen hatte – zweifellos die größte und reichhaltigste Sammlung von Steinmetzzeichen ganz Süddeutschlands besessen. Allein oder mit seinem Freund Hartmann, genannt Molch, hatte er unzählige Kirchen Schwabens abgegrast und alle Steinmetzzeichen abgezeichnet. Dank ihrer Sammlung hatten sie feststellen können, dass diese oder jene Steine von denselben »Werkleuten« wie Rilke sagt, behauen worden waren, dass zum Beispiel in Esslingen und am Mailänder Dom dieselbe Bauhütte am Werk gewesen war. Nach der Lektüre von Rilkes Gedicht hatten sie sich immer vorgestellt, wie sich die Steinmetzen heimlich Griffe weitergaben sowie Techniken, und sie glaubten, im Dämmerlicht der besuchten Kirchen etwas von dieser nie zur Schau gestellten Erregung mitzubekommen. Eines Spätnachmittags hatte er sich sogar mit dem Molch in der Esslinger Frauenkirche einschließen lassen. Dieses Erlebnis erzählte er ihr, als er mit einem Warzenbeißer, den er statt eines Schwabenkäfers gefangen hatte, und dem Werkzeugköfferchen zurückkam.

»In der Mittelstufe des Gymnasiums begeisterte mich ein Zeichenlehrer für die Steinmetzzeichen. Bei einem Kameraden und bei mir ist dieses Interesse in eine wahre Sammelwut ausgeartet. Um in dieser Kirche die letzten zugänglichen Zeichen zu erfassen, fiel uns eines Abends mitten in der Woche nichts Besseres ein, als uns im Turmaufgang zu verstecken, im Moment, wo die Messnerin die Tür hinter uns abschloss. Ungestört konnten wir suchen und abzeichnen. Wir weideten uns auch an der langsam einfallenden Dämmerung und der immer eindringlicheren Stille. Aber im Schiff wurde es düsterer und von außen klang kein Geräusch mehr an unser Ohr. Es wurde uns allmählich unheimlich. Zuerst klopften wir zaghaft, dann hämmerten wir an die Tür, aber niemand näherte sich. Vielleicht war den ohnehin seltenen Passanten das ungewohnte Pochen aus dem Innern auch nicht geheuer. Schließlich versprachen wir uns ›erhört‹ zu werden, wenn wir über die nun stockdunkle Wendeltreppe zum Umgang aufstiegen und von dort runterbrüllten. Aber die Fußgänger, die uns hinter Maßwerk und Wasserspeiern kaum sehen konnten, beschleunigten eher ihren Schritt. Wenn auch niemand auf unser Geschrei einging, wären wir doch gern oben geblieben; wenigstens sah man ab und zu Lebewesen und Lichter. Aber wir fürchteten, der vielleicht doch endlich verständigten Messnerin in die Hände zu laufen. So blieben wir in Türnähe, auf das leiseste Schlüsselrasseln lauernd. Die Stille ängstigte uns so sehr wie die sie manchmal unterbrechenden Geräusche. Dass Balken knarren, weiß jeder, dass aber uralte steinerne Gewölbe auch ihre nächtliche Sprache sprechen, und zwar nicht nur die der Steinmetzzeichen, das haben wir damals erfahren. Wir malten uns nun in immer schwärzeren Farben die möglichen Auswirkungen dieses Abenteuers aus, im Hinblick auf den nächsten Morgen, auf Schule und Eltern. Dagegen kam uns die Nacht, die uns hier zu verbringen in Aussicht gestellt war, noch harmlos vor. In der Kirche befindet sich ein Bild des Heiligen Alexius, wie er unter einer Treppe nächtigt. Da hatten wir schon einen Leidensgenossen. Nach einer uns unendlich dünkenden Wartezeit hörten wir endlich Schritte. Wir stellten uns so auf, dass wir uns, von der Dunkelheit profitierend, aus dem Staube machen konnten, sobald die Tür geöffnet wurde. Dass das geglückt war, hörten wir an den ärgerlichen Rufen der Küsterin ins hallende Kirchenschiff, als wir hechelnd die Weinberge hochrannten. Zu alledem hatten wir einen langen Fußmarsch vor uns. Öffentliche Verkehrsmittel fuhren sowieso keine mehr. Zudem hatte keiner von uns beiden einen Heller in der Tasche.«

»Warum haben Sie nicht die Opferstöcke aufgebrochen? Ihre Eltern schwammen wohl auch nicht im Geld, als Sie ein kleiner Junge waren«, meine Apolonia. »Nein, aber ich war nicht unglücklich. Und du, Apolonia?« »Ach, später! Zuerst noch eine von Ihnen. Ich finde es schön, wenn man anderen erzählen kann, was man erlebt hat, oder, wenn kein Zuhörer da ist, auch sich selbst. Diskussionen hasse ich, aber eine Geschichte anhören oder erzählen ist eine wunderbare Sache.« »Dann leg los, jetzt bist du an der Reihe!« »Ich weiß«, sagte sie, »bloß sind meine Geschichten nicht so friedlich wie die Ihren; ich frage mich, ob sie überhaupt erzählbar sind. Aber zuerst müssen wir unsere Initialen, die Sie recht und schlecht zu einem Steinmetzzeichen[53] stilisiert haben – oder ist es etwas Chinesisches? – mit dem Schraubenzieher in einen der Blöcke reinkratzen.«

Allerdings kam für Apolonia nur ein etwa zwei Meter über dem Boden vom Obergaden auf die Mauer hereinfallender goldener Lichtfleck in Frage. »Steigbügel«, kommandierte sie, »oder finden Sie mich etwa zu schwer?« Schon saß ihr rechter Fuß in seinen gefalteten Händen, seine Nase bohrte sich in den weihrauchgetränkten Stoff und dann schwang sie sich, seinen Kopf fest umschlingend, auf seine Schulter. Was ihm den Genuss dieser Bewegungen etwas beeinträchtigte, war der Schraubenzieher, den er zwar nicht sah, mit dem sie aber in der Luft herumfuchtelte. Als sie aber dann ganz langsam und schmiegsam ein Bein auf die andere Schulter verlagerte, vergaß er das spitzige Werkzeug und genoss nur noch die schwüle Wärme im Nacken. Das hätte ewig so dauern können! Ihr Lächeln konnte er nicht sehen. Sie wusste genau, was in ihm vorging.

»Wieder mal Angst gehabt?«, höhnte sie, als sie rittlings auf seinen Schultern hockte und ihr Zeichen in den Quader zu kerben anfing. »Geben Sie mal ihren Grashüpfer«, befahl sie, »den setz' ich an die Wand da oben und wenn der Pfaff kommt oder so ein Kirchendiener, dann sagen wir, wir wollten das hässliche Ungeziefer von der Wand entfernen.« »Von Zeit zu Zeit blies sie den Staub aus dem hellen kalkigen Stein. »Auf ein paar graue Haare mehr oder weniger kommt es ja nicht an«, meinte sie. Am Ende glitt sie einfach in einer engen Umarmung an ihm herunter wie an einem Maibaum, wobei sich ihr Kleid hochstreifte. Bevor sie alles mit einer wiegenden Bewegung der Hüften wieder zurückfallen ließ, konnte er ihre runden Formen und eine hauchzarte weiße Wäsche sehen. Dann kam sie ganz nahe an ihn heran, pustete den Staub aus seinem Gesicht und sagte: »Ich würde mich jetzt gern mit Ihnen unter dem Altar verkriechen.« Ihn am Arm ziehend fuhr sie fort: »Niemand wird uns sehen können und wir werden ein paar von den groben Sandkörnern, die ich aus dem Stein gekratzt habe, unter die Kirchentür legen, dann knirscht sie gewaltig, wenn jemand kommt und geht nicht schnell auf.« Sie hatte festgestellt, während er weg war, dass der dolmenartig aus drei riesigen Marmorblöcken bestehende Altar vorn mit dem herabhängenden Altartuch bedeckt war, und dass sich dahinter ein ziemlich großer Hohlraum befand, der am Boden sogar mit einem Teppich belegt war. Aber da wurden Stimmen vor der Kirche laut und sie sagte, seine Hand loslassend: »Wenn wir uns mal treffen wollen und einen Treffpunkt ausmachen müssen, kann jeder mithören oder mitlesen, denn keiner weiß, wo das Zeichen im Stein ist, nur wir beide.« Da kam ihm wieder Rumpelstilzchen in den Sinn und er fragte sie, ob sie das Märchen kenne. »Auf Französisch heißt es *Oustroupistache* oder *Ricdin-Ricdon.* Den Vater haben wir schon, die schöne Tochter auch. Die Frage ist, ob ich Rumpelstilzchen bin oder der Königssohn, den ich übrigens sehr unsympathisch finde.« »Erzählen Sie doch!« »Später, du zuerst!« »Schauen Sie, Ihr rotflügliges Biest läuft unsere Initialen ab!« »Wenn es rote Flügel hat, ist es kein Warzenbeißer«, dozierte der Deutschlehrer, »sondern eine Ödlandschrecke[54].« »Egal was, ich finde es hässlich.« »Vielleicht heißt es deshalb auf Französisch *criquet germanique.* Hässlich oder nicht – die müssen wir wieder freilassen, die Art ist gefährdet. Das Zeichen dafür im Chinesischen ist jedenfalls schön: Es enthält unter anderem drei Mal das für Insekt.«

蟲

Sie lachte. »Welche Sünden haben Sie denn begangen, dass der liebe Gott Sie so bestraft hat?« »Wie hat er mich bestraft? Mit dir?« »Vielleicht auch. Sie müssen alles behalten, was Sie mal gelesen haben. Ist das nicht schrecklich?«

XI Häsinnen

Oder: Wie macht man seine Beute kalt?

Als sie aus der Kirche traten, verstanden sie sofort, dass die Stimmen zwei wie Jäger angezogenen Männern gehörten, die gar nicht die Absicht gehabt hatten, in die Kirche zu treten, sondern durch das sich neben einem Strebepfeiler befindliche Gitter des ehemaligen Friedhofs in die gleich dahinter ansteigenden Terrassen und Wäldchen gelangen wollten.

»Die hasse ich von ganzem Herzen«, zischte Apolonia, »und denen werden wir jetzt nachgehen. Es sei denn, Sie haben Schiss vor ihren Gewehren.« »Die haben doch gar keine!« »Sie sind bestimmt da oben irgendwo im Dickicht versteckt. Mein Vater hatte ein zweites jahrelang in einem eingegrabenen Ofenrohr am Waldrand. Außer mir wusste niemand, wo es war.« »Und warum versteckt er es nicht mehr?« »Es steckt vielleicht in einem hohlen Baum, ich will nicht mehr wissen, wo. Wenn Sie jetzt noch einmal fragen: Warum? Dann antworte ich eben, dass ich ihn nicht mehr begleite, seit ich im Internat bin und …« »Und?« »Und weil die Zeit gekommen war, wo ich es hätte selbst benützen können.« »Wolltest du auf eigene Faust wildern?« »Nein, das nicht! Ich hätte es auf jemanden richten können.« Sie schmiegte sich an ihn. »Wir sind Verliebte, haben Sie gesagt. Mit etwas mehr Mumm Ihrerseits wäre ich jetzt Ihre Geliebte.« »Meinst du, heute wäre es …?« Sie unterbrach ihn mit einem Kuss ihrer prallen Lippen. Er musste an Eichendorffs Romanze ›Die Jungfrau und der Ritter‹ denken, wo die Jungfrau, die vorgibt ›verpestet‹ zu sein, eine Französin übrigens, am Ende ihres gemeinsamen Wegs über den Ritter spottet, der sie im Wald nicht berührt hatte:

»Über den feigen Ritter lach' ich,
Der sein Mädchen hat im Freien
Und nichts macht als Redensarten …«

Gerade, als sie ihn küsste, drehte sich einer der beiden Jäger um, als ob sie es vorausgesehen hätte. Was bei ihm ganz leise den Verdacht aufkeimen ließ, ihr sichtbar bekundetes Verliebtsein diene irgendeinem Zweck, einem Plan, den sie gerade gefasst hatte.

»Bei diesem Wind«, nahm sie das Gespräch wieder auf, »bei seiner Stärke und vor allem seiner Richtung, hört sowieso keiner einen Schuss in dem Dorf da unten. Außerdem fabrizieren die meisten dieser Hunde ihre Patronen selbst. Nachdem es sich hier wohl nur um Kaninchen oder allenfalls Feldhasen handelt, werden sie nur halbvoll gegossen und der Knall ist um die Hälfte leiser. Sie können sich überhaupt nicht vorstellen, wie viel Zeit und List diese Leute aufwenden können, für das, was der eigentliche Inhalt ihres Lebens ist. Aber wahrscheinlich brauchen die überhaupt keine Gewehre. Das werden wir bald sehen. Möglicherweise wird uns Ihr Werkzeugköfferchen noch einen kleinen Dienst erweisen können. Wenn ich dran denke«, spöttelte sie, »dass es vor ein paar Stunden noch ganz neu war und heute dank meiner Initiativen doppelt eingeweiht wird! Wir müssen die zwei da vorn beobachten. Sehen Sie, manchmal verschwindet einer und der andere bleibt auf dem ausgetretenen Weg sichtbar. Das bedeutet, dass der erste zu den Schlingen geht, die sie den Kaninchen gelegt haben. Er prüft jetzt, ob alles in Ordnung ist und morgen früh, sehr früh, grasen sie die Schlingen wieder ab und nehmen die Beute an sich. Die Drahtschlingen finde ich nachher, kein Problem; ich schlage vor, wir machen zuerst einen Umweg und beobachten sie von oben, von der Felsplatte aus.«

Noch nie hatte er Apolonia so viel reden hören. In ihrem Hass auf die Wilderer war sie Feuer und Flamme. Er zog sie an sich, sie küsste ihn heiß und wild und stieß ihn dann ungestüm von sich und fauchte: »Bitte ziehen Sie nie mehr eine Lederjacke an, ob braun, schwarz oder grün, das ist mir unerträglich!« Dann kletterten sie die Geröllhalde hoch. Er hinter ihr, weil er immer wieder zurückrutschte. Unter den Füßen Apolonias löste sich grobkörniger Sand und Kies, der ihm den Aufstieg erschwerte. Als er plötzlich ein paar Meter abglitt und bei einem Blick nach unten in panische Angst geriet, versetzte er sich nolens volens in die Haut der Ameisen, die er als Junge oft beobachtet hatte, wie sie sich dem tödlichen Trichter näherten, an dessen Basis der Ameisenlöwe lauernd immer wieder einen Regen von Sandkörnern auf die Trichterwände sprühte, damit die Ameisen nicht umkehren konnten. Endlich bot ihm eine große Wurzel einen Halt und er konnte sich den Schweiß abwischen, bevor sich Apolonia sich über ihn lustig machen konnte.

Der Blick auf das darunter liegende Land wurde immer schöner: Hecken mit blühendem Geißblatt, Maulbeerbäume, Kastanien, Linden und Eichen, dazwischen halbzerfallene, ehemals ohne Mörtel zusammengefügte Weinbergmäuerchen aus Sandsteinen von derselben Farbe wie Weinhefe, dann kleine Schonungen von Nadelbäumen, Lärchen, Kiefern, Zedern. Und darüber wie drohende Finger die Zinnen der Felsen. Oben angekommen, legten sie sich auf den felsigen Boden; er, nicht ohne Spalten und Grasbüschel mit einem dürren Stock abgeklopft zu haben. Sie fragte nicht, sie schien zu verstehen. Dann spähte sie aufmerksam, bis sie die zwei Männer wieder entdeckte.

Dann rief sie plötzlich: »Das wundert mich nicht. Schauen Sie mal dorthin!« Einer schien Wache zu schieben, der andere kroch auf allen vieren, etwas nach sich ziehend, einen Graben entlang und dann recht mühsam durch ein Loch in einer Hecke auf die Böschung. »Wenn er sich nur an den Dornen des Brombeergestrüpps seinen Balg aufreißt!« zischte sie. »Was soll dieses Geländespiel?« fragte er sie. »Als ich klein war und den Alten begleiten musste, wollte er mir auch immer einreden, das sei wie ein Spiel, eine Art ›Fang den Hut‹. Gefangen wird hier das Kaninchen, aber auf die gemeinste Weise. Was der da *nach* sich zieht, ist eine tote Häsin, die läufig war. Ich bin mir fast sicher, dass die zwei den Pass der Hasen an einer Stelle verstopft und umgeleitet haben. Der das Weibchen schnuppernde Rammler merkt gar nicht, dass er seinen vertrauten Wechsel verlassen hat und direkt auf die Schlingen zusteuert, die auf ihn warten und die wir finden werden, das verspreche ich Ihnen. Sobald die da unten abgezogen sind, werden wir in ihre Fußstapfen treten.« Er kroch ein paar Schritte weiter, wo eine gemeine Osterluzei wuchs. »Wenn irgendwelche Außerirdischen diese Erdparzelle von oben beobachten, werden sie den Schluss ziehen, dass die Bewohner dieser Gegend noch nicht die aufrechte Haltung erreicht haben«, scherzte er. Von der Osterluzei riss er ein paar Blätter ab und reichte ihr jenes, das die vollkommenste Herzform hatte. Lächelnd sagte sie: »Ich kann jetzt nicht sentimental sein. Sie wollten eine Geschichte. Da ist sie doch!« Sie hatte Recht. Er bedauerte, ihren Redeschwall unterbrochen zu haben. Er hatte nicht verstanden, dass das, was sie zu erklären begonnen hatte, schon zu dem gehörte, was sie bedrückte. Deshalb behielt er auch für sich, dass die Blüten dieser Blume *auch* Fallensteller sind, die allerdings ihre Beute ›Tanzmücken‹, nach ein, zwei Tagen wieder freilassen und während dieser Frist sogar nähren. »Lange zwang mich mein Vater, mit ihm ab Oktober in den ersten Abendstunden nach den aufgebaumten Fasanen zu suchen. Er achtete auf den Weg und ich musste immer an den Eichen hochschauen, wo sich die Fasanen, je kälter desto höher, reihenweise zum Schlafen gesetzt hatten, ›aufbaumen‹ sagen die Jäger. Manchmal konnte man sie auch nach ihrem Zippen oder Rätschen ausmachen oder nach dem Geflatter, wenn sie nicht weit weg waren. Lautlos an sie heranschleichend, schlug der Alte einen, manchmal zwei Fasanen herunter, bevor die Kette abbaumte. Wenn er herausbekommen hatte, wo sie huderten …« »Was bedeutet das?«, wollte er wissen. »Sich stäuben, ein Sandbad nehmen«, war die Antwort, »dann warf er ein Netz darüber.« Es war ihr gelungen, ihre Erregung auf ihn zu übertragen.

Beim Abstieg begann der Buchs stark zu duften. Als sie am Ende der Geröllhalde ankamen, waren seine Schuhe nicht mehr viel wert. »Das Schlimmste«, fuhr sie fort, »war die Jagd mit dem Frettchen. Er ließ das Frettchen in den Kaninchenbau schliefen, nachdem wir vorher ein paar Einfahrten verstopft hatten, oft die größeren, da wo die Hasen eventuell umdrehen könnten. Und jeder wartete mit einem Netz an der Ausfahrt einer Sprungröhre, aus der die Armen wie Pfeile herausschossen. Er brach ihnen das Genick und hängte sie wie die Fasanen im Innern seines weiten Kittels auf. Wenn Leute in Sicht waren, musste ich mich sehr eng an ihn lehnen und dann spürte ich immer die warmen weichen Hasen. Wenigstens habe ich ihm nie die Genugtuung gegeben, auch nur einen Bissen davon zu kosten. Jedes Kind träumt von einem Häschen zum Streicheln; mir wurde beigebracht, wie man ihnen den Balg abzieht oder, wie sich diese Tierschinder fachmännisch, pardon, weidmännisch ausdrücken: ›wie man sie aus der Decke schlägt‹.« Wie eine Indianerin prüfte sie die Losung der Hasen, zeigte ihm die Wegmarken und Löcher, die die Häsinnen in den sandigen Boden scharren. »Da schauen Sie! Das runde Eingangsloch zum unterirdischen Gang eines Mistkäfers, von dem wir neulich gesprochen haben. Da sind auch die Brutkammern und eine, wo sie sich begatten.« »Rammelkammer sagen die deutschen Spezialisten dafür«, lachte lautlos der Lehrer. Sogar die Reibstellen an Sträuchern und Stauden, wo früher Drahtschlingen befestigt waren, entdeckte sie. »Es ekelt mich vor mir selbst, wenn ich daran denke, dass ich als kleines Mädchen eine Zeit lang stolz war, wenn er mich seine Komplizin nannte.«

»Schade, dass er alles verdorben hat«, meinte der Deutschlehrer, »zunächst hat er dir viele Kenntnisse über die Natur vermittelt, aber dann durch seine Fang-, Jagd-, Blut-, ja Mordgier deine Abscheu erregt.« »Jetzt haben Sie zur Abwechslung mal was gesagt, was stimmt: Er hat alles verdorben!«

Plötzlich deutete sie schweigend auf die erste Drahtschlinge und dann auf den Werkzeugkasten. Daraus entnahm sie eine Beißzange und zwickte den Messingdraht nicht weit von der Öse so geschickt durch, dass das Ganze scheinbar fängisch gestellt war, aber sich die Schleife unmöglich um den Hals eines Kaninchens oder Feldhasen mörderisch würde zuziehen können. Dann roch sie an ihren Fingern. »Den Draht haben sie mit einem stark riechenden Kraut eingeschmiert. Das kann Pfefferminze sein oder Salbei, damit die Tiere nicht den Menschen wittern. Wahrscheinlich ist einer dabei, der raucht.« »Salbeiblätter haben die älteren Männer früher in Thüringen während des Gottesdienstes zwischen den Fingern zerrieben und daran gerochen, um nicht einzuschlafen«, musste der Deutschlehrer hinzufügen. Und Apolonia: »Sie sollten ein paar davon in Ihre Tasche stecken, für die erste Nachmittagsstunde, wo Sie am stärksten kämpfen, dass Ihnen die Augen nicht zufallen. Es ist übrigens in unserem Interesse, dass wir nicht über die Kirche zur Talstraße gehen, weil wir da am Café vorbeimüssen, wo diese Lumpen wohl ihr Wildererlatein von sich geben; es ist besser, wenn die Leute uns heute nicht mehr sehen und auch nicht, in was für ein Auto Sie steigen.« »Wieso ›Sie‹ und nicht ›wir‹?« »Weil ich nicht mit Ihnen zurückfahre.«

Während sie in der einbrechenden Dämmerung den Hang hinabschlenderten, fragte er sie, ob die Wilderer vonseiten der Jagdhüter eigentlich nichts riskierten. Diesen Aspekt schien sie auch zu kennen. »Dieser Ort ähnelt meinem Weiler da oben. Die Jagdhüter greifen nur ein, wenn eine Denunziation vorliegt oder wenn in großem Maße, sozusagen fabrikmäßig, gewildert wird. Das hier sind kleine Fische. Außerdem wagen sich die Jagdhüter nicht gern in die Wechsel der Hasen, weil sie um ihre Hunde fürchten, die in den Tellereisen verletzt oder in den Schlingen stranguliert werden können, wie übrigens auch die Füchse. Haben sie noch nie einen verendeten Fuchs am Wegrain liegen sehen, sehr schöner Anblick, vor allem ohne Schwanz. Den schneiden sie ab und verlangen vom Bürgermeister eine Prämie dafür. Bei Regen wird oft mit dem Frettchen gejagt, weil die Kaninchen da gern im Bau bleiben. Und die Wildhüter auch. Die wissen übrigens genau, dass die Jäger und die Wilderer einander die beste Bremse ihrer Aktivität liefern, indem sie sich gegenseitig schaden. Zum Beispiel macht einer die von einer Häsin gescharrten Löcher zu oder trägt ganze Losungshaufen weg, weil es gute Wegweiser sind. Als mein Vater vor einigen Jahren noch mit einem Freund mit dem *panneau*, einem über zwanzig Meter langen Netz ›arbeitete‹, manchmal sogar bei Schnee, da setzte er viel aufs Spiel, schon deshalb, weil er diese Menge Fleisch, bis zu fünfzig Stück ganz schnell, oft an einem Abend, verschachern musste. Ich hätte es ihm gegönnt, dass sie ihn schnappen!« Ihre Stimme zitterte ein wenig, als sie hinzufügte: »Die Beute wird in sehr kurzer Zeit lautlos mit Stockhieben getötet, oft genügt ein einziger. Dabei bleibt ein positives Verkaufsargument: kein Blei, das einem einen Zahn kosten kann. Und«, setzte sie mit einem Seitenblick auf ihn hinzu, weil es ihr wohl bewusst war, dass es da für einen empfindsamen Menschen schon genug zu verkraften gab, »es fehlt kein Auge. Frettchens Lieblingsbrocken ist das Auge. Auch das blutrünstige Freundchen meines Alten kann es sich nicht verkneifen, während seiner Hasenbaubesichtigung ein Kaninchenauge anzuknabbern. Und die Fasanen, wollen Sie wissen, wie mein Vater sie kaltmacht? Er zieht eine hartschäftige Handschwingfeder aus dem Gefieder und stößt sie durch das

Hinterhauptloch des Schädels ins Gehirn des Vogels, … äußerst wirksam …«

Nie mehr hat er sie so viel reden hören. Nun schien sie erleichtert aufzuatmen. Und er hatte verstanden, dass das, was sie den Wilddieben angetan hatten, in Wirklichkeit auf ihren Vater gemünzt war. Und jetzt ahnte er auch, dass der Grund, der dieses Mädchen trotz seiner zahlreichen Gaben daran hinderte, vollkommen glücklich zu sein, bei diesem Vater zu suchen war.

Sie wollte sich also allein bis zur Stadt durchschlagen. Bevor sie sich trennten, sagte sie noch: »Ich habe Ihnen noch nie meine Adresse gegeben. Ich weiß genau, dass Sie sie über die Schule leicht haben können. Aber Sie dürfen mir nicht schreiben, bitte nicht! Wenn mein Vater erfährt, was zwischen uns ist, bringt er mich um. Und Sie auch.« Er sah sie zweifelnd an. »Ja, wirklich! Wie einen Feldhasen in der Sasse, ein Stockhieb genügt. Und noch etwas. Seien Sie nicht überrascht und werden Sie nicht gleich rot, wenn die Oberin Sie in den nächsten Tagen in ihr Büro ruft. Danke für den schönen Tag!« Sie lachte und verschwand in der Dunkelheit.

XII Salamander

Oder: Gewisse Materien faulen schneller als andere

Als er den Anlasser betätigte, blieb der Motor mucksmäuschenstill. Nach einer Viertelstunde war er immer noch nicht angesprungen. Also musste er doch ins Café, um zu telefonieren. An der Theke bat er einen der servierenden Männer, anrufen zu dürfen und der reichte ihm das Telefon herüber. Die Bekannte, die endlich abhob, bedauerte, dass ihr Mann nicht vor elf nach Hause komme und ihm erst dann eventuell helfen könne. Entmutigt sah er im riesigen Spiegel hinter dem Schanktisch die im Saal sitzenden oder gruppenweise stehenden Gäste, die sich nicht um ihn zu kümmern schienen. Die meisten waren wie Jäger angezogen. Die zwei von vorher konnte er nicht wiedererkennen, weil er sie praktisch nur von hinten oder von weit oben gesehen hatte. Eine Sekunde lang glaubte er in den grauen Rauchschwaden das aufgedunsene Gesicht von Massabiau wahrzunehmen. »Wollen Sie ein Bier?«, fragte ein gut gekleideter Mann hinter der Theke. Er bejahte. Der Mann trug dann das Bier direkt an eine Art Stammtisch, setzte sich und lud ihn mit einer Bewegung des Kopfes ein, ihm gegenüber Platz zu nehmen. »Ich habe gehört, als Sie telefonierten, dass Sie Probleme mit dem Anspringen haben. Das ist sicher nicht schlimm. So können Sie etwas länger in unserem netten Ort verweilen. Geologisch gesehen ist diese Gegend nämlich äußerst interessant und die meisten Besucher kriegen das gar nicht so mit. Wir haben hier zahlreiche Höhlen und vor allem die vertikalen *avencs*[55].« Sein Gegenüber fing an, sie pedantisch wie ein Fremdenführer aufzuzählen: »Ganz in der Nähe ist der *Avenc de Bresse*. Das sind in Wirklichkeit mehrere flaschenförmige, schroff abfallende Brunnenschächte. Die Höhle *de la Poujade* ist auch bemerkenswert, aber feucht und stellenweise sehr eng. Da gehen manche hin, um die Salamander zu beobachten, man sieht sie aber nicht gut, weil sie ganz schwarz sind, zumindest, wenn's kalt wird. Bei Le Monna ist der *Avenc de Tronchiels*, der ist«, er dehnte die Wörter, »über 130 Meter tief, stellen Sie sich das mal vor! Und nicht weit davon«, fuhr er eintönig, aber deutlich fort, »eine kleine Grotte, die wirklich nur lokalhistorisches Interesse besitzt, weil da ein gewisser de Bonald, für den sich kein Mensch mehr interessiert, mit seiner Familie Zuflucht gefunden haben soll, als es den Adligen bei der Revolution an den Kragen ging. Auch die Geduld der scheinbar einfältigen Dörfler hat ihre Grenzen, nicht wahr? Einer der tiefsten und fast vertikal ist der *Avenc Tabourel*, stellen Sie sich vor, Sie fallen da rein! Die *Avencs du Valat nègre* und *de Péveral*, die teilweise eingebrochen sind, kennen eigentlich nur die *Jäger* …« Die Betonung verfehlte ihre Wirkung nicht, der Deutschlehrer begann ein Kribbeln zu spüren. »Aber beide sind immerhin auch über 50 Meter tief«, psalmodierte er lächelnd weiter, seine kalten grauen Augen auf seinen Tischgenossen geheftet. »In den wenigen, die erforscht sind, hat man Skelette gefunden, von verreckten Kühen und Schafen, ja wo sollten die Leute früher damit hin? Auch deutsche Uniformen hat man ausgebuddelt. Nicht nur die Uniformen, versteht sich. Aber die Stoffe, Qualitätsware, nicht wahr, faulen langsamer als … Ja und da ist auch der *Avenc des Gendarmes*, wie er im Volksmund genannt wird. Aber die Gendarmen lassen wir vorläufig aus dem Spiel, wenn's Ihnen recht ist. Und im *Avenc de Bouxes*, ein paar Schritte von hier, haben Forscher Zähne des arktischen Vielfraßes zu Tage gefördert. Schade, dass es diesen mutigen Jäger hier nicht mehr gibt. Man weiß nicht wann, vielleicht vor zig-tausend Jahren schon, ist aus diesem jagenden Tier ein gejagtes Tier geworden und dann wurde es *ver*jagt. Sehen Sie, gerade das möchten unsere einheimischen, alteingesessenen Waidmänner vermeiden, dass da wildfremde Leute ihnen sozusagen nachsetzen, wenn's auch nur mit einem Fotoapparat ist. Ja, das ist eigentlich alles, was ich Ihnen ausrichten sollte. Meine Freunde haben schnell begriffen, dass Sie das Mädchen nur zur Tarnung mitgenommen haben, um die Jäger leichter fotografieren zu können. Die Tatsache, dass sie nicht mehr da ist, bekräftigt diese Vermutung. Jeder sieht sofort, dass Sie kein gewöhnlicher Spaziergänger sind. Davon gibt es hier sehr wenige, die Leute bleiben oben in den Felsengärten. Wir hatten mal einen, der an einem Buch über oder besser *gegen* unsere traditionellen Jagdgewohnheiten arbeitete. Ich denke nicht, dass er in einen *avenc* gefallen ist, er ist aber auch nicht wiedergekommen. Ich kenne Sie nicht und habe keinen Grund, Sie kennenzulernen; ich bin übrigens sehr selten da. Ich sollte Ihnen nur diese Botschaft überbringen. Nein, zünden Sie Ihre Zigarre hier nicht an! Sie wären der Einzige, der Zigarren raucht in diesem Lokal, und man könnte sich an dieses Detail erinnern. Da sind schon die grau melierten Haare, der Wagen und der Akzent von … jenseits des Rheins. Das Bier spendieren wir Ihnen, das Telefon auch und Ihre Karre wird jetzt auch wieder anspringen.« So war es auch.

Er war entschlossen, diesen Tagesabschluss Apolonia *nicht* zu erzählen. Vielleicht würde sie sich Sorgen machen, wie diese Leute reagieren könnten, wenn sie den Schaden entdeckten, den sie angerichtet hatten. Überdies wäre sie durchaus dazu fähig, sie zu provozieren oder ihre Beteiligung an der Sabotage richtigzustellen. Einen Moment fragte er sich, ob sich der Reiterling nicht gerächt haben konnte, aber diesen Gedanken verwarf er vorläufig. Der Zufall hatte gewollt, dass hier schon einmal ein Gegner der Jäger und Wilderer am Werk gewesen war. Die Dörfler passten jetzt nach Verdächtigen auf, das Werkzeugetui hatten sie mit einem Fotoapparat verwechselt. Er musste lächeln, als ihm bewusst wurde, dass in diesem scheinbar so friedlichen Land sein Leben schon mehrmals in Gefahr gewesen war. Bei den Schlangen und Apolonias verzweifelter Geste war der Tod sehr nahe gewesen. Dagegen war die Drohungen, die von Apolonias Vater und von den Jägern ausgingen, zwar ernst zu nehmen, aber zweitrangig. Er musste jedoch richtig loslachen, als ihm dämmerte: Wenn je der Jäger Massabiau bei der Sache mitgemacht hatte, hatte er ihnen selbst den Vorwand für die ›Panne‹ geliefert!

Die Hauptsache war, dass Apolonia endlich geredet hatte. Die vage dunkle Befürchtung, dass sie ihn auf irgendeine Art benutze, ließ sich jedoch nicht verscheuchen. Umso besser für sie, dachte er, wenn sie, die jahrelang Komplizin hatte sein müssen, nun ihrerseits einen Komplizen gefunden hatte. Er wollte diese Rolle gern spielen, aber nicht nur diese da, er wollte mehr sein in ihrem Leben als nur ein Statist, dem man obendrein das meiste verschwieg oder es ihn mühsam erraten ließ. Ohne ihr beiderseitiges Verliebtsein in Frage zu stellen, empfand er zwiespältige Gefühle Apolonia gegenüber; manchmal war sie so nahe, so herzlich, dann wieder so kalt, so fern. Er musste sich jemandem anvertrauen und alles rauslassen, auch das, was er bis jetzt immer als Hirngespinste abgetan hatte. Für ein vertrauensvolles Gespräch kam nur der Abbé Delsol in Frage. Dem konnte er erklären, wie sehr ihn dieses Mädchen faszinierte, aber auch beunruhigte.

XIII Spierling

Oder: Eine Hand wäscht die andere

In der Tat wünschte die Oberin ihn am frühen Morgen unter vier Augen zu sprechen. »Es geht um Ihre Schülerin Apolonia, aber es betrifft Sie auch«, sagte sie und er wartete ängstlich auf die Folge. Hatten sie etwas mitgekriegt? Konnte man ihnen überhaupt etwas verheimlichen? Woher wusste Apolonia, dass die Oberin mit ihm sprechen wollte? Hat sie sich ihr möglicherweise anvertraut? Warum macht denn die Vorsteherin eine so lange Pause? »Sie haben sicher auch festgestellt, dass Apolonias Noten sehr gesunken sind, und zwar schon vor den Ferien, aber jetzt wird es beunruhigend. Wir würden ihr gern die Möglichkeit geben, ihre Schwächen bis zu den Lehrerkonferenzen aufzuarbeiten. Vorausgesetzt natürlich, dass es sich nur um einen vorübergehenden Arbeitsmangel oder eine Entmutigungserscheinung handelt und nichts Tieferes dahintersteckt.« Dabei hatte er das Gefühl, dass sie ihn fragend ansah. Sein Hirn arbeitete fiebrig, um zu erraten, worauf das Gespräch hinauslaufen würde. Er war sehr überrascht, als sie ihn schließlich bat, Apolonia Nachhilfestunden in Deutsch zu geben. »Die wir selbstverständlich in Zahlung nehmen. Wir stellen Ihnen auch einen Raum zur Verfügung, wenn Sie es wünschen. Überhaupt überlassen wir Ihnen die Organisation dieser Stunden, wie wir es bei den Kollegen in zwei anderen Fächern tun.« Er hatte gar keine Lust, Nachhilfestunden zu geben. Er hasste das und hatte es nur in Perioden dringendster Geldschwierigkeiten getan. Während er antwortete, dass es sich bei diesem Mädchen wohl nicht so sehr um ein schulisches Problem, als um mangelndes Selbstvertrauen handle – irgendeine gängige Floskel der albernen Schulpsychologen musste er ja finden – fragte er sich, ob diese Idee nicht etwa von Apolonia selbst stammen könnte. Wollte sie sich und ihm auf diese Weise die offizielle Erlaubnis erschleichen, einander zu treffen? Wenn er nur wüsste, was sie erzählt hatte! Hatte sie womöglich alles gebeichtet, damit die Klosterfrauen die Sache in die Hand nahmen, um einen eventuellen Skandal zu ersticken? Wollte sie die Schule beiziehen, um ihm im Falle eines Verdachts vonseiten des Vaters ein Alibi zu liefern? War etwa der Leistungsabfall von ihr programmiert im Vorhinein? Hing er mit ihrem Problem zusammen, dessen Existenz er ahnte und dem er keinen Namen geben konnte? Eines war sicher: Er durfte nicht ablehnen. Zweimal hatte ihm die Oberin sehr wirksam aus einem Schlamassel geholfen, und es gab noch mehrere kleine Fälle, die sie diskret aus der Welt geschafft hatte, ohne sich dessen je zu rühmen. Er wusste auch, dass sie sich beim Inspektor für ihn eingesetzt hatte. Einmal hatte er im Lehrerzimmer munkeln hören, dass einige Eltern sehr ungehalten gegen ihn waren, weil er im Unterricht eine Bemerkung über die Kollaboration gemacht hatte, die die Schüler ihren Eltern brühwarm erzählt hatten. Er hatte einen Text über die Bewältigung der deutschen Vergangenheit gelesen und wie immer war er verblüfft gewesen, festzustellen, dass es in diesem Land hier scheinbar keine Vergangenheit zu bewältigen gab. Er hatte hinzugefügt, hier warte man, bis die Zeugen steinalt oder tot seien und alle kompromittierenden Dokumente beiseite geschafft. Ein Jahr davor hatte er sich aus einer deutschen Privatsammlung höchst seltene Werke kommen lassen, für eine rein literarische, absolut unpolitische Arbeit an der Uni. Er hatte sich verpflichtet, diese hochversicherten Bände nach vierzehn Tagen zurückzuschicken. Aber als der Bücherkarton am Bahnhof angekommen war, wollte man ihn nicht aushändigen, sondern wollte die Genehmigung der ›Zensurbehörde für die Lektüre der Ausländer‹ abwarten, die nur ein vereidigter Übersetzer mit einem Zollbeamten ausstellen konnte. Und das hätte schon mehr als vierzehn Tage gedauert. Der Bonald hätte seine Freude an einem so gut funktionierenden Zensursystem gehabt! Und da hatte die Oberin die geniale Idee, eidesstattlich zu erklären, dass es sich bei den Büchern um dringend benötigtes Lehrmaterial handle, und dass sie die totale Verantwortung für ihre Benützung übernehme. Kurz davor hatte sie sich noch mehr engagiert. Es war damals die Kampagne der Verteidigung des Larzac-Hochplateaus gegen Kauf- und Konfiszierungsmaßnahmen der Armee gewesen, die dort ein europäisches Manövergebiet schaffen wollte. Aus ganz Frankreich waren meist junge Leute herbeigeströmt und diskutierten erhitzt zwischen den Wacholderbüschen und pittoresken Felsblöcken der Hochebene. Die mitgebrachten Hippiekinder plätscherten in den Tränken der Schafherden, den *lavognes*, die von oben wie weit geöffnete Augen der Erde aussehen. Er war bei einer Gruppe gestanden, wo plötzlich das Hauptanliegen nicht mehr die Erhaltung eines Naturgebiets war, mit einigen Höfen und gewölbten Schafställen, sondern zu verhindern, dass ausländische, sprich deutsche Bundeswehr-, sprich Wehrmachtsstiefel den heiligen französischen Boden zertrampeln und entweihen. Als er sie dann fragte, ob das wirklich ein stichhaltiges Argument für sie sei und sie dabei als Dummköpfe hinstellte, spürte er schnell, dass er es nicht nur mit Blumenkindern und schmalbrüstigen linken Intellektuellen zu tun hatte, sondern auch mit aufbrausenden Schlägertypen, die nun endlich jemanden gefunden hatten für die sehnlichst gewünschte handgreifliche Auseinandersetzung; denn die uniformierten Behörden hatten sich kaum blicken lassen und die Armee noch weniger. Als es für den Deutschlehrer brenzlig wurde, schritt ein stämmiger, bärtiger Kerl ein, den er schon am Morgen bemerkt hatte, wie er von einer Gruppe zur anderen gegangen war und überall aufmerksam zugehört hatte.

Er traute seinen Augen nicht, als er denselben Mann mit weißem Hemd und Krawatte später in einem Büro der *renseignements généraux*[56] in Millau wieder antraf, in das er geladen worden war zur Überprüfung seiner Unterlagen betreffs seines Einbürgerungsantrags. »Sie können ganz gut Französisch, sagte der Beamte höflich lächelnd, das habe ich neulich bemerkt. Deshalb wissen Sie sicher, dass *naturaliser* im Französischen zwei Dinge bedeutet: erstens einbürgern und zweitens ausstopfen wie Vögel, Frettchen oder Iltisse. An Ihrer Stelle würde ich mich, zumindest bis zur endgültigen Erlangung der Naturalisierung und selbst darüber hinaus, benehmen wie ein im zweiten Sinne naturalisiertes Tier – im Französischen würde man sagen *faire le mort*[57] –, mich also schön ruhig verhalten, so wenig wie möglich Wind machen und das bedeutet, Sie haben's verstanden, an keinen öffentlichen Demonstrationen teilnehmen, wo man Sie zu Ausschreitungen mitreißen kann, ohne dass Sie es überhaupt merken, und die sich Ihrer beruflichen Laufbahn als äußerst unvorteilhaft erweisen könnten. Im Übrigen zu Ihrer Erbauung: Die meisten der da oben« – in Richtung Larzac deutend – »angeblich bedrohten Grundstücksbesitzer haben ihr Land bereits zu vorteilhaften Preisen freiwillig abgetreten, ihr Schäfchen sozusagen ins Trockene gebracht; es gibt keine Zwangsenteignungen. Also widmen Sie sich Ihren Studien über österreichische Literatur, glaube ich.« Das letzte Detail hatte er wohl hinzugefügt, um ihm zu verstehen zu geben, dass er manches über ihn wusste. Der Deutschlehrer lauerte dann auf die geringste Anspielung auf sein Privatleben. Aber es kam keine. Es kam eine andere Überraschung. »Und nun«, sagte er, »muss ich Sie auch um einen Gefallen bitten. Wenn Sie jetzt denken: ›Er gibt mir ein Ei und will dafür zwei‹, dann haben Sie eine schlechte Meinung von uns. Ich will keinesfalls einen Druck auf Sie ausüben. Ich will Ihnen nur den Fall meiner Tochter darlegen. Sie ist in einer staatlichen

Schule und soll nicht versetzt werden. Sie hat aber schon einmal wiederholt und ein zweites Mal würden wir gern vermeiden. Es wäre schön von Ihnen, wenn Sie bei Ihrer Schulverwaltung intervenieren und veranlassen könnten, dass meine Tochter bei Ihnen aufgenommen wird. Haben sie keine Angst, sie lernt nicht Deutsch, ich werde Sie nicht zusätzlich noch um gute Noten für sie bitten.« Als er das der Oberin berichtete, war sie wirklich eine Zeit lang ratlos. »Wir haben gar nicht das Recht dazu, es ist in unseren Statuten ausdrücklich verboten. Stellen Sie sich vor, welche Möglichkeit für unlautere Propaganda wir damit in der Hand hätten.« Einige Tage später hatte sie doch eine Lösung gefunden. »Wir werden die junge Dame aufnehmen, bevor sie ihr offizielles Zeugnis in der Hand hat. Sie muss sich aber *pro forma* einer Aufnahmeprüfung unterziehen. Lassen Sie ihr ausrichten, sie möge um sich herum erzählen, dass sie Tag und Nacht für ein Examen büffelt. Es würde ihr sicher nicht schaden, wenn sie das in Wirklichkeit auch tut. Wenn die Eltern vernünftig sind, schicken sie ihre Tochter wenigstens ein Jahr lang ins Internat unseres Ordens in Rodez. Dann hat sie unauffällig aus persönlichen Gründen noch im alten Schuljahr die Schule gewechselt. Wir müssen aber alles tun, damit das ein schnell vergessener Einzelfall bleibt.« Damit hatte sie nicht nur dem Mädchen, sondern auch ihm aus der Patsche geholfen, denn der Beamte hätte seinen Antrag leicht auf die lange Bank schieben können.

Nachdem die Oberin sich so oft und so wirksam für ihn eingesetzt hatte, wollte er sich auch keine Überlegungsfrist ausbitten. Er sagte zu. »Überbringen Sie dem Abbé unseren Gruß«, sagte sie, als sie ihn an die Tür begleitete. Woher wusste sie denn, dass er an diesem Tag noch zu dessen Pfarrhaus fahren wollte? Soweit er unterrichtet war, kam der Abbé schon lange nicht mehr als Schulgeistlicher an dieses Gymnasium. Ist mein Schädel durchsichtig wie der des Spierlings? fragte er sich. Aber ihr verzieh er alles. Und wahrscheinlich sah sie es gern, dass er mit dem Abbé verkehrte. Vielleicht sollte ihr Gruß eine Aufmunterung sein, sich mit Hilfe des Abbés seine Ängste und sonstigen Komplexe vom Hals zu schaffen. Auf jeden Fall hat sie ihren Wunsch bewusst so formuliert. Er hatte sie nie ein überflüssiges Wort sagen hören, auch keine unbedeutenden Höflichkeitsfloskeln. Da er überzeugt war, dass diese Leute es gut mit ihm meinten, wollte er sich nicht länger Fragen stellen. Als sich die dritte schwere Eichentür hinter ihm schloss, stand er im strömenden Regen. Das gefiel ihm. Er freute sich schon auf die spätherbstliche Landschaft auf dem Weg zum Pfarrhaus, die im Regen besonders gut zur Geltung kam. Schade, dass der Hut bei den Männern wegen der Autos aus der Mode gekommen war. Mit Hut, Regenmantel und festen Schuhen könnte er jetzt stundenlang im Regen herumlaufen: beobachten, wie sich in den Gassen kleine Bäche bilden, wie an den Häuserwänden Flecken auftauchen ähnlich Krankheitsmalen, wie sich um Tür- und Fensterrahmen feuchte Ränder bilden, Schweißrändern gleich, und wie die Tropfen aufspritzen, zerplatzen, zerstieben, und hören wie sie die verschiedenen Materialien, auf die sie fallen, zum Klingen bringen, dumpfe, schrille, helle, hohle Töne erzeugen. Er würde den Menschen zuschauen, die da unterwegs sind und die alle einen guten Grund haben, um draußen zu sein und denen man folgen müsste, um zu erraten, welcher Anlass sie hinaustreibt. Er würde staunen über die tollen Sprünge, die mancher wagt, der sonst so zielstrebig stur seinen Weg entlanggeht, um trockene Inselchen zu erreichen oder tiefen Pfützen auszuweichen, und über die unerwarteten Sätze vom Fußweg auf die Straße, um nicht vom Regen in die Traufe zu kommen, weil aus einem schadhaften Blech ein Strahl schießt wie aus einem Wasserspeier, wovon ein Rinnsal den Ast der Platane entlangrieselt und sich in einem moosigen Loch ansammelt, wie in einer Achselhöhle, bevor es den Stamm hinabperlt …

Durchnässt, aber glücklich stieg er in seinen Wagen und rezitierte bei der Fahrt zu seinem Abbé zum tausendsten Mal sein Lieblingsgedicht. *Su Dongpo* hat es im 11. Jahrhundert auf zitronengelbes Hanfpapier gepinselt:

廬 不 到 廬
山 到 得 山
煙 千 歸 煙
雨 般 來 雨
浙 恨 無 浙
江 未 別 江
潮 消 事 潮

Der Berg **Lu** im Regendunst
Der Fluss **Zhe** zur Flutzeit.
Solange ich nicht dort war
quälte mich die Sehnsucht immerdar.
Ich ging hin und kam zurück.
Es war nichts Besonderes:
Der Berg **Lu** im Regendunst
Der Fluss **Zhe** zur Flutzeit.

XIV Geier

Oder: Eine grässliche Erfahrung, ein Zwilling zu sein

Als er sich dem Pfarrhaus näherte, hatte der Regen fast aufgehört und es war frisch. Aus dem Schornstein qualmten Rauchwolken, die in der feuchten Luft nicht *gerade* aufstiegen, sondern die Dächer entlangkrochen, seitlich abzogen und Haus und Garten in ein Dunstkleid hüllten, ähnlich der wollenen Kukulle, die der Abbé übergezogen hatte. »Gewoben nach Maß von einer der letzten Weberinnen der Provence, einer hübschen jungen Frau, aus der Wolle von Schafen, die ich persönlich kenne, ja Frau und Schafe, aus einer Wolle, die ich für sie kardätscht habe. Wenn du willst, mein Sohn, werde ich sie dir vorstellen. Es sei denn, du willst ewig ein Junggeselle bleiben wie ich, was auch seine Vorteile hat.« »Da sind wir eigentlich schon mitten in dem Thema, das ich mit Ihnen anschneiden wollte, *mon père*[58]«, sagte der Deutschlehrer. Bevor die Haushälterin den Raum verließ, zeigte sie schmunzelnd auf einen massigen eisernen Topf, der an einer Kette über dem Kaminfeuer hing und aus dem sich appetitliche Düfte von Speck, Kohl und anderem Gemüse verbreiteten. Und der Abbé, sie nachäffend, deutete auf die Weinflaschen, die nicht weit vom Kamin wie die Kegel eines altbayrischen Spiels strammstanden. »Da ist ein Mädchen«, begann der Deutschlehrer, »das in meinem Leben, vor allem in meinem Denken, einen immer wichtigeren Platz einnimmt. Das ist sehr seltsam, weil ich vor ein paar Monaten noch aufs Energischste dementiert hätte, wenn ich mir selbst oder wenn mir jemand die Frage gestellt hätte, ob sie mir gefalle. Und, um die Wahrheit zu sagen, sie zieht mich an, aber sie ist mir unheimlich. Ich glaube, ich könnte sie lieben, aber ich bin keinesfalls sicher, dass sie es möchte.«

Er befand sich jetzt in einer schwierigen Situation; er hatte zu reden begonnen, aber anfangs gezögert, dem Abbé alles zu sagen, was er beobachtet hatte. Es war so viel Absurdes dabei, Unglaubliches und Abergläubisches, dass er fürchtete, die Freundschaft des Abbé zu verlieren. »Sie weiß im Voraus, was ich tue und denke«, sprudelte es aus ihm hervor, »ihr durchdringender Blick, ihr Benehmen, ja sogar ihr Gang sind so verschieden von den anderen, dass man sie zumindest als ›außergewöhnlich‹ bezeichnen muss, und zwar nicht nur im positiven Sinn. Ich habe sie noch nie weinen sehen. Sie kann furchtbar schnell aus einem Extrem ins andere fallen. Ich weiß nie, wo ich dran bin. Sie kann Gott und die Welt provozieren. Manchmal frage ich mich, ob sie frei handelt oder nicht jemandem oder irgendeiner Instanz hörig ist. Auch ihr Körper …« »Ist das alles?«, unterbrach ihn der Abbé ernst. »Das sind die Dinge, die mich beunruhigen, soweit ich es überhaupt formulieren kann.« »Es ist genug«, antwortete der Abbé kalt, »um sie der Hexerei zu bezichtigen. Weißt du, was dein Freund Luther in seinen Schriften immer fordert? *Occidantur*! Und wenn er es ›teutschet‹«, sagte er, den Stil des Reformators nachahmend, »so schreibt er: ›Die Zauberinnen sollest du nicht leben lassen.‹ Wir müssen folglich die Wasserprobe vornehmen: Bleibt sie oben, ist sie eine Hexe, geht sie unter ist sie unschuldig. Es wäre vielleicht besser, wir lassen einen Exorzisten kommen aus Toulouse, ich kenne da einen.« Dann konnte er sich aber nicht mehr zurückhalten und bog sich vor Lachen. »Du arbeitest zu viel! Ich werde die Nönnlein davon überzeugen, dass du den zusätzlichen halben Lehrauftrag in Rodez nicht mehr weiterführen kannst. Aber vor allem: Du liest zu viel. Du hast schon zu viel in dich hineingelesen in deinem Leben und tust es weiterhin. Oder aber liest du schlecht. Vielleicht meinst du, du müsstest alles Gelesene in deinem Alltag irgendwie zur Anwendung bringen. Wie einer, der bei jeder Weinprobe sein Schälchen austrinkt, statt es nach es nach leichtem Kosten zwischen Nase, Gaumen und Zunge auszuspucken. Was du reinlässt, musst du auch verdauen. Verdauen, das heißt sortieren und einen Teil davon ausscheiden. Dein Wissen gärt in dir wie eine Essigmutter im Fass. Wenn hier einer einen Exorzisten braucht, dann bist es du, *mon fils*!« Er wäre dem Abbé am liebsten um den Hals gefallen, so erleichtert war er. Stattdessen nahm ihn der Geistliche in den Arm, schüttelte ihn liebevoll und sagte: »Ich werde dich schon wieder hinkriegen!« »Das mit der Wasserprobe, das wäre uns fast passiert«, fing der Deutschlehrer leise an, »Sie hat mit aller Kraft versucht, das Auto mit uns beiden von der Brücke bei Massabiau in die Dourbie zu stürzen.« Da schwieg der Abbé eine Zeit lang und drehte die Flaschen am Kamin um. »Kannst du dir vorstellen, welches Vertrauen sie in dich hat, *mon fils*? Würdest du mit irgendjemandem aus dem Leben scheiden wollen, den du nicht liebst? Ich kenne dich, du denkst jetzt an den Kleist und seine Partnerin im Tode, die Vogel. Das zählt nicht, weil Kleist schwul war oder impotent. Bei euch ist es zum Glück zu keinem fatalen Ende gekommen. Und ihr könnt euch andere Liebesbeweise liefern. Aber wir müssen herausfinden, warum sie so unglücklich ist. Du brauchst jedoch noch mehr Heilung als sie, weil du nicht so stark bist, wie sie zu sein scheint. Bei dir ist es leichter, weil ich die Ursache deines Leidens kenne.« Plötzlich hörten sie ein orkanartiges Brausen. Im gleichen Augenblick schrie die Haushälterin hereinstürzend: »Meine gute Suppe.« Die zwei Männer hatten weder gesehen noch gerochen, dass vom Kamin her dichter Rauch in den Raum quoll. Sie riss den Topf vom Haken, warf eine Flasche Wein um und rief dem Abbé zu: »Aus Ihrem Kamin, Monsieur l'Abbé, steigen zwei Meter hohe Stichflammen!« »Völlig normal, Marie des Neiges, wir haben gerade eine Hexe verbrannt.« Und ging seelenruhig in ein Kabuff, kam mit einem Gewehr und ›Lauf, Jäger, lauf, Jäger lauf, lauf, lauf‹ singend zurück und sagte: »Ich tue jetzt, was ich bei meinem Großvater und meinem Vater seit jeher gesehen habe« und schoss in den Kamin hoch. Ein paar Brocken Ruß fielen ins Feuer und damit war der Kaminbrand beendet. »Dazu dient in erster Linie meine Flinte«, schwindelte er, denn wenn er sie nicht regelmäßig benützen würde, wären die Patronen in der ungeheizten Abstellkammer feucht geworden und hätten nicht mehr gezündet. Dann säbelte er dicke Scheiben von seinem geräucherten Schinken ab, der fast so dunkelrot war wie der Marcillac, den er großzügig kredenzte. Er schien nicht zu bemerken, dass die Gedanken des Deutschlehrers um die Frage kreisten, wovon er geheilt werden müsse. »Bist du dir überhaupt bewusst, was für ein Glück wir haben? Der Schmetterling *Bombyx sowieso*, nicht der der Seidenraupe, nein ein anderer, der darf nur so kurze Zeit leben, dass ihm die Natur nicht einmal seinen Rüssel zur Nahrungsaufnahme voll entwickelt hat.« Der Deutschlehrer spürte genau, dass sein Tischgenosse schelmisch-freundlich seine Manie, Vergleiche aus der Tierwelt zu benützen, bespöttelte, denn der konnte ein Grinsen nicht unterdrücken. »Und obwohl er eine lange Fastenzeit als Puppe hinter sich hat, denkt er gar nicht ans Essen, sondern nur daran, sich fortzupflanzen und dann zu sterben. *Wir* dürfen uns mit Köstlichkeiten vollstopfen, du darfst dich obendrein mit Wissen vollstopfen, bloß müssen wir auch an die Verdauung denken. Aber die Verdauung deines Wissens ist nicht dein Hauptproblem. Das ist deine *Hassliebe.* Du empfindest eine solche gegenüber deinem Zwillingsbruder, du empfindest sie deinem Gastland und seinen Bewohnern gegenüber, deinen Schülern, und wahrscheinlich auch deiner Heimat und jetzt willst du mit den gleichen Gefühlen diesem Mädchen begegnen, das meines Erachtens eine gefühlsmäßige Sicherheit bei dir sucht.«

Der Geistliche wusste noch nicht, dass er Apolonias Brief seinem Bruder geschickt hatte, mit der Bitte, ihn aufzubewahren, wie sie es vorgeschlagen hatte. Und dass der Bruder geantwortet hatte: ›Verschone mich mit deinen schmutzigen Geschichten, dein Brief im Brief ist sofort im Müll gelandet; du kannst mich doch nicht zum Komplizen deiner Geilheit machen.‹ Er war immer sehr tugendsam gewesen. Seit dem ersten Kuss, den ein schon geübter, älterer Mädchenmund empfangen hatte, hatte der musikalische Ausdruck des ›Mordenten‹, des Beißers, in seiner ursprünglichen Übersetzung, beim zukünftigen Deutschlehrer immer die Assoziation eines temperamentvollen Kusses ausgelöst. Bei seinem Bruder, dem späteren Klavierlehrer, immer nur *die* einer auf den Noten durch einen sich schlängelnden Wurm dargestellten Trillerfigur, die er mit seinen langen Fingern auch immer gut fertigbrachte, wogegen er, ›der mit die dicke Fingger‹, wie die tschechische Klavierlehrerin Narcisse ihn immer nannte, kaum die Möglichkeit hatte, Fortschritte zu machen, weil er auf seinem dazugestellten Stuhl etwas abseits auf der Höhe der letzten Oktave wartete und selten zum Spielen kam. Narcisse und der Bruder saßen dauernd eng beieinander auf dem Konzerthocker und er gönnte es seinem Bruder von ganzem Herzen, stets die volle Ladung ihres faulen Atems ins Gesicht gesprüht zu bekommen, denn die junge Virtuosin stank ganz jämmerlich aus dem Mund. Inzwischen hatte sich der andere selbst zum Klavierpädagogen ernannt, durfte und darf seine eigenen Schüler anhauchen. »Ich will mich nicht selbst bemitleiden oder als Märtyrer hinstellen, sagte er dem Abbé, aber er hat immer versucht, mich zu unterjochen, zu knechten und der Bessere zu sein. Wenn wir Schreiadler gewesen wären, dann wäre er als das erstgeborene Junge des Vogels auf seinen Bruder geklettert, damit der nicht genug Nahrung bekommt und eingeht. Aber ich empfinde ihm gegenüber weder Liebe noch Hass. Ich fand es immer unerträglich, einen Zwilling zu haben, und er vielleicht auch. Mit Frankreich ist es etwas anderes. Diese Zerrissenheit macht mich unglücklich.« »Ich bin sicher, dass du in letzter Zeit nur Bücher gekauft und gelesen hast, wo die Deutschen schlecht wegkommen, um dich in deiner zwiespältigen Haltung gegen die Franzosen zu bestärken und dich selbst zerfleischen zu können.« »Nein, es ist gerade das Gegenteil: ich habe nach Büchern geforscht und sogar eins gefunden, wo die Deutschen gut abschneiden, das ist nämlich so selten, dass diese Suche viel billiger kommt. Es handelt sich um ein kleines Pamphlet mit dem Titel ›Le joujou patriotisme‹ von Rémy de Gourmont, den dieses Werk seine Stellung an der Nationalbibliothek gekostet hat.« »Das ist doch eine alte Geschichte«, rief der Abbé beschwichtigend, »hat nicht Lichtenberg schon geschrieben, keine Nation der Welt würdige wie die deutsche den Wert der anderen, aber keine werde von den anderen so wenig geschätzt wie die deutsche?« »Lange bevor ich das erste Wort Französisch in der Schule gelernt habe, war ich von allem Französischen leidenschaftlich begeistert, habe im Radio nach Sendungen der französischen Besatzungsstation gekurbelt, ohne das Geringste zu verstehen, nur um die Sprache zu hören. Und ich bin meinen Eltern dankbar, dass sie nie versucht haben, diese Begeisterung zu mindern, obwohl sowohl der ältere Bruder meines Vaters als auch der meiner Mutter, vom gleichen königlich-württembergischen Regiment, in französischer Gefangenschaft am Ende des Ersten Weltkriegs jeden Morgen durch eine enge Dorfgasse gehen mussten, wo ihnen die Anlieger ihre Nachttöpfe, im Schwäbischen ›Botschamber‹ auf die Köpfe leerten …« »Ich verstehe dein Problem umso besser, als ich selbst ein ähnliches bewältigen musste. Meine Vorfahren haben immer in diesem Raum zwischen den Cevennen, dem Mont-Aigoual und dem Larzac gelebt. Das heißt da, wo sich die Protestanten und die Katholiken immer in den Haaren gelegen haben. Und das war nie nur eine Sache des Glaubens. Es war und ist noch eine Geschichte zwischen Arm und Reich, Restauration und Revolution, ja sogar Kollaboration und Widerstand. Dein Bonald, von dem du, was weiß ich warum, so angetan bist, erwähnt in seinen Briefen die Exzesse der Protestanten in Millau und Rodez, also Täter. Einen meiner protestantischen Vorfahren haben die Dragoner in seinem Hirtenbett[59] entdeckt und er durfte sich auf den Galeeren des französischen Königs zu Tode rudern, also Opfer. Ein Mitglied des katholischen Familienzweigs hat dem berüchtigten Abbé du Chayla um 1685 in Siam als Handlanger gedient und entkam nur knapp dem Tode, als sein Herr mit fünfzig Messer- und Säbelstichen auf der Brücke von Montvert massakriert wurde. Diese zwei Familien existieren heute noch. Ich gehe bei beiden ein und aus. Ich habe gewählt, aber ich habe nichts abgewählt. Das Schlimmste wäre, ein *nécé* zu sein.« »Ein was?« »Ein *nécé* ist einer, der unbequem zwischen zwei Stühlen sitzt. Der Ausdruck kommt von n. c. das heißt *nouveau converti*, Neubekehrter. Das waren Leute, die sich äußerlich zum Katholizismus bekehrt hatten, damit ihre Güter nicht konfisziert werden, aber innerlich Protestanten geblieben waren. Zerrissene, die am Sonntagmorgen zur Messe gingen und am Sonntagabend heimlich die Genfer Bibel lasen. *Die* waren unglücklich. Wir aber wollen glücklich sein. Kommen wir also auf unser Mädchen zurück. Sie verdient nicht nur einen Teil deiner Liebe und deines Interesses. Sie verdient einen freien, unbeschwerten Geist. Du kannst sie nicht gleichzeitig liebevoll begehren und lieblos analysieren. Du kannst dich nicht ihrem starken Willen fügen und ihr dann einen starken Willen vorwerfen. Wahrscheinlich will sie mehr oder weniger bewusst, dass du die Dinge in die Hand nimmst. Wie anders könntest du ihr helfen? Übrigens«, fuhr er sich hinter seinem Glas versteckend fort, »wenn sie nicht volljährig ist, zögerst du gewisse Sachen etwas hinaus. Das würde euer Leben noch mehr komplizieren. Außerdem soll dich dein züchtiger Bruder nicht mit dem Seigneur de Castelbouc vergleichen können, der sich um alle Frauen der Kreuzfahrer gekümmert hat und daran zugrunde gegangen ist.« Und dann lachte er und lachte und alles Problematische und Heikle zog ab wie ein paar Stunden vorher der Qualm an der Decke.

»Komm, jetzt zeige ich dir eine Staude. Wenn du ihren Namen kennst, lese ich gratis für deine Hinterbliebenen zehn Messen und wenn du ihn auf Deutsch kennst, hundert, natürlich über mehrere Jahre hin verteilt.« Er führte ihn zu einem etwa drei Meter hohen Baum mit einer rötlichen Rinde, den er an den oben glänzenden Blättern und einigen verbliebenen roten Früchten als Erdbeerbaum erkannte. »Für mein Seelenheil ist gesorgt«, sagte er. »Den meinte ich aber nicht«, lachte der Abbé und deutete auf den daneben. »Den darfst du bestimmen. So leicht macht's dir der Teufel dann auch wieder nicht!« Er blieb vor einem Strauch stehen, der in einer Felsspalte wuchs und fast runde, fein gezahnte Blätter hatte. »Also?« »Gut, ich gebe mich eben mit einer einzigen Messe zufrieden«, sagte der Deutschlehrer. »*Amélanchier* heißt er und wie er auf Deutsch genannt wird, das musst du mir rausfinden.« »Wenn wir gerade bei der Natur sind, muss ich Sie doch noch etwas zu dem Thema fragen, das wir am Anfang berührt haben. Ist es nicht möglich, dass es verhexte Orte gibt? Wie die Stelle an der Dourbie, von der ich Ihnen erzählt habe, wo ich fast von Vipern gebissen worden wäre und eine junge Frau vom Pferd gestürzt ist und …« »Natürlich gibt es Plätze, deren Fähigkeit, Schädliches anzuziehen und anzuhäufen durchaus erklärbar ist. Du nimmst zum Beispiel Schutthalden oder Straßenränder und du findest schön versammelt, wie Mafiosi zu einem Bankett, Kratz- und Stacheldisteln, allerlei Dornsträucher, die Eselsdistel, Kletten und Melden, den stinkenden Gänsefuß, den Sautod, den giftigen Stechapfel und, fast hätte ich's vergessen, die scharfbrennende Nessel. Und Rückert, den du besser kennst als ich, hat gedichtet, wie man diese Schädlinge anpacken muss. Das Gleiche gilt für die giftigen Gedanken, die sich in unserem Bewusstsein festsaugen und hochranken und aus uns Eichen, schau uns mal an, jeder seine achtzig Kilo, ganz mürbe, gebrechliche Wesen machen können. Ich zitiere, du darfst mich verbessern, wenn meine Aussprache nicht gut ist:

›Wer scheu die Nessel streift
Dem brennt davon die Hand.
Wer derb ihr Blatt ergreift
Dem weckt sie keinen Brand.‹

Es gibt zweifellos sogar mehrere Arten des Genius Loci: den wissenschaftlich, meinetwegen geologisch erklärbaren Aspekt, aber auch den bislang unerforschten – möge er es bleiben! – irrationalen, wo Aura, Omen, Weihe, Geister zusammenspielen, wie zum Beispiel an ehemaligen Kultstätten. An jenem Ort haben dir deine Schutzengel beigestanden und es ist verständlich, dass die Vertreter des Guten auch die des Bösen auf den Plan rufen und umgekehrt, weil sie alle sozusagen den Beweis ihrer Aktivität gegenüber ihrem Arbeitgeber, dem lieben Gott oder dem Teufel durch sichtbare Zeichen liefern müssen. Vielleicht ist auch dein Hausheiliger, Saint Cucufa, für dich eingesprungen. Ja, ich glaube an Orte mit guter oder schlechter Ausstrahlung. Aber ich will *auch* auf unseren Ausgangspunkt zurückkommen: Ein durchdringender Blick muss nicht ›der böse Blick‹ sein. Übrigens trägt sie nicht den Kopf etwas nach hinten geworfen, was den Eindruck erweckt, sie blicke von oben herab, wenn sie einen ansieht?« »Ja, kennen Sie sie denn?« »Nein, aber du hast mir doch erzählt, sie habe in ihrer Kindheit oft nach Fasanen Ausschau halten müssen.« Er schloss einen Bücherschrank auf und griff nach einem Buch. »Da fiel mir nämlich eine Stelle ein, aus dem Labruyerre[60]. Das ist ein

Klassiker über das Wildern, aus dem achtzehnten Jahrhundert. Labruyerre war ein ehemaliger Wilderer, der im Zuchthaus Bicêtre gegen eine milde Haft alle Geheimnisse und Kenntnisse seines verbotenen Gewerbes für die zukünftigen Jagdhüter und Grundherren ausplauderte. Er ist später der gefürchtetste Jagdaufseher des Adligen geworden, der ihn hatte einsperren lassen. Bevor er, wie die Bayern sagen, ein Lump geworden war, hatte er in der Armee gedient. Da hatte er Folgendes beobachtet.« Nachdem der Abbé die Stelle gefunden hatte, las er laut vor: »… als ich sah, wie gewisse Soldaten der Truppe ihre Köpfe nach hinten neigten, verstand ich, dass sie in ihrer Jugend Fasanen gejagt hatten. Ich fragte sie, aus welcher Gegend sie stammten und ob es dort nicht Fasanen gebe. Sie antworteten, es gebe derer viele. Sie gestanden mir, dass sie schon in frühester Jugend den Fasanen nachstellten und daher die Gewohnheit angenommen hatten, den Kopf schräg nach hinten geneigt zu tragen …«

Die liebe Haushälterin des Abbés, Marie des Neiges, hatte sein Bett mit einem ›Mönch‹ gewärmt, einer kupfernen Bettflasche mit einem langen Stiel aus Holz. Er stöberte ein bisschen in den Büchern des Geistlichen, von denen viele noch nicht einmal aufgeschnitten waren, und dann schlief er wunderbar. So gut und tief hatte er nur in der Klosterschule Sainte-Procule in Rodez geschlafen, nachdem er stundenlang in den Gassen um den herrlichen Dom herum durch den Schnee gestapft war und dann, ohne Licht zu machen, um die Nonnen nicht zu stören, den langen Weg von der Pforte zu seinem Zimmer im Dunkeln zurückgelegt hatte, wo zuweilen fast geräuschlos eine Nonne blitzschnell durch den Gang von einer Tür in eine andere gehuscht war. Er dankte dem Abbé von ganzem Herzen für diesen Tag. Er fragte sich, ob viele Menschen auf die Hilfe eines väterlichen Freundes zählen konnten wie er. Schon im Wagen sitzend rief er den Abbé zu sich heran und fragte: »Heißt der Strauch nicht etwa Felsenbirne?«

»Das hat dir der Teufel gesagt«, brüllte der Abbé in den Morgen. »Ja, Sie hätten Ihren Exorzisten bestellen sollen! Übrigens haben Sie ›Rumpelstilzchen‹ zitiert. Das ist mein Lieblingsmärchen.« Dann fuhr er los. Er hatte die Übersetzung von *amélanchier* in einem der zahlreichen botanischen Werke des Abbés gefunden. Viele Bücher über die Flora enthalten Tafeln, auf denen die Namen der Pflanzen in mehreren Sprachen aufgeführt werden. Der Abbé schrie ihm nach: »Weißt du überhaupt, warum ich dir diesen Baum gezeigt habe?« »Ich habe alles verstanden«, brüllte der Deutschlehrer zurück. Er war sicher, dass der Abbé ihm damit hatte sagen wollen, dass sich die ursprünglich in wärmeren Gefilden heimische Felsenbirne dem kargen, kalkigen Boden angepasst habe – und er sich daran ein Beispiel nehmen könne.

Bei der Rückfahrt machte er einen kleinen Umweg an einer der Sturmglocken vorbei, die früher bei Schneetreiben unablässig gezogen wurden, um verirrten Wanderern und Hausierern die Richtung anzuzeigen, und dann kam er bei aufgehender Sonne ins Tal der Jonte. Auf der anderen Seite der Schlucht fuhr er wieder hoch zum Plateau. Da brauchte er nur zu warten.

Plötzlich legte sich ein Riesenschatten über ihn und fast lautlos schraubte sich der erste Geier in die Höhe. Nur ein leichtes Zischen der durch die Schwingen gleitenden Luft war hörbar. Dazu gesellten sich andere, noch größere, mit einer Spannweite von fast drei Metern. Es beeindruckte ihn jedes Mal tief, zu sehen, wie klug sie sich den Auftrieb der am Felsenrand warmen Strömungen zunutze machten. Fast ohne Flügelschläge gewannen sie bewundernswert mühelos an Höhe und die Schatten verschwanden. Das war für ihn stets in allen Bedeutungen des Wortes erhebendes Schauspiel, das der Kontrast zwischen dem als hässlich verschrienen Vogel und der Eleganz und Schönheit seines Flugs und der sich gegen den klaren Himmel abhebenden Konturen noch verstärkte. So müsste man jeden Tag beginnen können, dachte er.

XV Zecken

Oder: Etwas hüten wie seinen Augapfel

An diesem Samstagmorgen hatte Apolonia nur ganz früh eine Stunde in der Schule. In die folgende hatte sie brav einen Nachhilfekurs mit einer der Klosterfrauen gelegt, der im Klavierraum stattfand. Zuerst hatten sie vorgehabt, zusammen in der Bibliothek zu arbeiten. Aber er hatte den Wunsch geäußert, dass sie ihm das Haus und den Ort zeige, wo sie ihre Kindheit und Jugend verbracht hatte. Damit war sie sofort einverstanden gewesen. Er sollte sie gleichzeitig heimbringen. Trotz der Kälte hockte sie lachend auf der Treppe zur Bibliothek und sagte: »Ich habe gehört, dass Schnee gefallen sein soll, auf der Straße zu mir nach Hause, aber wir fahren trotzdem, ich zeige Ihnen einen Weg, wo man immer durchkommt.« Also fuhren sie über einsame, von Buchs gesäumte Straßen über den Larzac und dann ging es abwärts in eine Gegend, wo sich die drei Departements Aveyron, Gard und Hérault berühren. Zählt man noch die Lozère dazu, so hat man die vier Regionen beisammen in denen im 19. Jahrhundert am meisten gewildert wurde und wo auch die meisten Jagdhüter umgebracht worden waren. Die Unübersichtlichkeit der Grenzen machte aus diesem Gebiet verwaltungsmäßig einen Dschungel, den Kompetenzstreitigkeiten zwischen Polizei, Gendarmerie und Forstverwaltung, ganz zu schweigen von der Unzugänglichkeit der Täler und abgelegenen Ortschaften, noch undurchdringlicher machten. »Es ist jetzt nicht mehr weit zu dem Haus meines Wilderers«, sagte Apolonia nach einer Weile. »Nun kommen ein paar Bergstraßen, die von Süden her ins Lingas- und Mont-Aigoual-Massiv hineinführen. Die, die sich dort hinaufschlängelt, die nehmen wir.« Sie ließ ihren Sitz nach hinten gleiten und stellte ihn so schräg wie möglich, sodass ihr Kopf kaum über den unteren Rand der Windschutzscheibe hinausragte. »Wenn wir uns je mit meinem Alten kreuzen, ist es besser, er sieht mich nicht. Ich habe ihm ausrichten lassen, mich würden Freundinnen nach Hause bringen. Da oben, am Ende der Sackgasse, stehen nur drei oder vier Häuser. Sie sind praktisch nur im Sommer bewohnt. Es gibt zwar die Möglichkeit zu parken, aber er darf uns nicht sehen und auch nicht den Weg abschneiden können. Wir fahren da vorn rechts in den Hohlweg und lassen den Wagen dort stehen. Ich kenne eine Abkürzung.« »Du tust ja gerade, als könnte dein Vater uns nachstellen.« »Nachstellen ist richtig. Wenn er sich einmal auf die Fährte eines Wilds gesetzt hat, hetzt er es unbarmherzig. Ich habe Ihnen schon gesagt, dass er zu allem fähig ist. Besagtes Wild können Sie sein oder ich oder wir beide. Von da oben werden wir gleich wissen, ob er da ist. Man sieht auf den Platz, wo er seine Karre abstellt.« In dem dunklen Hohlweg lag noch etwas Schnee, aber als sie weiter oben in die Sonne traten, war alles geschmolzen. Es war fast warm. Bei einem Haus stand der verbeulte Lieferwagen. Eine graugrüne Silhouette tauchte immer wieder auf dem Vorplatz auf. In der Tat konnte man von dort jedes sich auf der Straße nähernde Lebewesen oder Gefährt wahrnehmen. Sie führte ihn durch einen Kastanienhain. Dann schlichen sie von hinten zu einem schmalen, hohen Gebäude, in dem gerade auf ihrer Höhe riesige, zum Teil eingeschlagene Fenster waren. Durch diese Fenster und die gegenüberliegenden, tiefer gelegenen, überschauten sie, wie in einem Rahmen, einen besonnten Hof vor Apolonias Haus, wo ein Tisch, ein Stuhl und allerlei Gerätschaften herumstanden. »Das hier ist die ehemalige *clède,* die Kastaniendarre. Wird schon lange nicht mehr für Kastanien benutzt. Die Decke ist ein Rost, durch den der von unten aufsteigende Rauch und die Wärme die Kastanien trockneten. Darunter ist ein luftiger Raum, wo der Alte seine

Fasanen abhängt und auch anderes Wild, das stichig werden soll. Er ist nicht verschlossen«, sagte sie mit einem Augenzwinkern. »Mein Zimmer ist hinter dem linken Fenster der Fassade gegenüber. Das allerdings ist, wenn ich drin bin, besser verriegelt als der Tresorraum einer Bank.« »Du bist eben wertvoll«, meinte der Deutschlehrer. »Für wen denn?« »Für mich schon und sicher für viele andere.« »Ich fürchte, dass das alles zu spät kommt.« Bevor er sie etwas fragen konnte, fuhr sie mit der Beschreibung des Hauses fort: »Rechts und links führen zwei Pfade hinter das Gebäude zum Zwinger und dann sofort ins Dickicht.« »Kann uns der Hund nicht verraten?« »So gut wittert der dann auch wieder nicht, außerdem würde er mich ja auch riechen und ich bin ihm nicht fremd. Zudem dressiert ihn der Alte als einen ›stummen Hund‹. Das heißt, er ist abgerichtet, so wenig wie möglich zu bellen. Die Jäger sagen dazu, dass er keinen ›lockeren Hals‹ haben darf, wie Stöberhunde zum Beispiel.« »Woher kommen alle deine Kenntnisse darüber? Hast du einschlägige Werke dazu gelesen?« »*Mein* Wissen auf diesem Gebiet kommt nicht vom Lesen. Als er noch mit einem Freund wilderte, waren Hunde, Waffen, Wild und *Frettchen*, nicht zu vergessen, die einzigen Gesprächsthemen und ich musste das jahrein, jahraus mitanhören. Wenn sie den Jargon der Jäger nachäfften, hatten sie das Gefühl, dazuzugehören und nicht die Schmarotzer zu sein, die sie in Wirklichkeit sind. Sobald ich von hier wegkomme, werde ich mich bei den Umweltschützern engagieren und gegen diese Leute militant vorgehen. Jäger und Förster braucht man, aber nicht diese Wilddiebe, Fallensteller und Tiermassakrierer.« »Und die Tatsache, dass dein Vater dazugehört, wäre dir gleichgültig?« »Glauben Sie mir, *er* schert sich den Teufel um mich.« »Für Jagd und Wildern habe ich nicht viel übrig, aber alle Fachsprachen interessieren mich. Du kannst mir noch manches beibringen.« Da drückte sie seine Hand, warf den Kopf nach hinten und presste die Lippen aufeinander: Er war aus der Tür getreten, ein mehr oder weniger ordentlich zusammengerolltes Netz vor sich tragend, sodass man seinen Kopf nicht sehen konnte. »Ach, fischt er auch?« fragte er halb zum Spaß, denn er ahnte schon, um was es sich handelte. »Nein, das ist für die Kaninchen im Winter.« Daran flickte er geduldig herum. Am Ende des Hofs zu ihrer Rechten war ein Backsteinofen mit einer gusseisernen Tür. »Ist das euer Pizzaofen?« »Darin verbrennt er die Bälge, Federn, die Wolle und die Eingeweide der zerwirkten Viecher und die Reste der Katzen, die er zum Anludern der Füchse im Winter verwendet, und sonstige kompromittierenden Dinge. Wir haben keine Nachbarn, die sich über den Gestank beschweren könnten. Sie sehen ja, wie hoch das Haus über dem Dorf liegt. Die Gebäude nebenan werden nur in den Sommerferien von erholungsbedürftigen Großstadtkindern bewohnt. Übrigens habe ich in diesem Ofen auch den Sade verbrannt. Der hat auch gestunken, schon bevor er brannte.« Gerade als er ihr eine Frage zu dem Buch von Sade stellen wollte, sprach sie weiter: »Gestunken habe ich übrigens auch, das behaupteten wenigstens die Kinder, die selten genug manchmal hier raufkamen, um mit mir zu spielen. Sie hatten wohl Recht, denn ich musste oft aus Kabeljau Bouletten machen und auch bei mir tragen, wenn er damit Fasanen ködern wollte. Und der Vogelleim, den ich in demselben Ofen aus Mistelbeeren und der Rinde der Stechpalme sieden musste, der hatte auch einen unangenehmen Geruch, der meinen Kleidern anhaftete.« »Sag mal, hast du dasselbe Bändchen von Sade gekauft wie ich? Hast du es etwa bei *meinem* Buchhändler gekauft? Hast du etwa meinen Namen erwähnt?« »Ich habe es in Toulouse gekauft, bei *meinem* Buchhändler«, fügte sie ihn imitierend hinzu. »Und warum hätte ich es nicht bei *Ihrem* Buchhändler kaufen sollen?« »Das hätte ihm einen Floh ins Ohr setzen und für mich peinliche Folgen haben können.« »Könnten Sie sich nicht etwas klarer ausdrücken?« »Es ist ganz einfach: Ich habe das Buch bei ihm geklaut.« »Ah«, lachte sie los, warf jedoch sofort einen prüfenden Blick auf den Vater, der aber anscheinend nichts gehört hatte. »Der Herr Lehrer lässt Bücher mitgehen! Verdienen Sie so wenig? Sind die Nonnen solche Pfennigfuchserinnen? Müssen Sie etwa teure Alimente bezahlen?« »Es gibt mehrere Gründe dafür. Einer davon ist, dass ich in diesem frommen Milieu nicht vollends zum Heiligen werden will.« »Um dem radikal vorzubeugen, können Sie auch jemanden um die Ecke bringen. Mord auf Bestellung, zum Beispiel. Darf ich Ihnen einen Vertrag vorschlagen, sobald ich die nötigen Mittel dazu besitze?« »Und wie kommst *du* dazu?« »Wozu?« »Jemanden umbringen zu lassen, zu klauen oder zum Einäschern französischer Literatur?« »Was das Mitlaufenlassen betrifft, das ist kaum der Rede wert, in der Stadt manchmal; es ist nie für mich, es ist für meine jüngere Schwester.« »Du hast eine jüngere Schwester? Das erklärt manches. Ich habe nämlich mal gesehen, wie du Preisetiketten zerschnipselt und auf die Straße gesät hast.« »Spionieren Sie mir nach?« Das sagte sie in demselben Tonfall, wie er, als sie im Unterricht frech von seinem Cafébesuch gesprochen hatte. »Lassen Sie etwa den Preis dran?« »Ich habe Angst, dass man dich mal erwischt.« »Bei mir wäre das lange nicht so schlimm wie bei Ihnen. Im Übrigen ist es bei mir kein Zwang wie bei anderen. Ich wäre viel lieber eine Heilige, das heißt, was ich mir darunter vorstelle: rein, weiß, selbstlos, unschuldig, unberührt.« »Warum denn unberührt? Berühren kann doch schön sein.« »Ja, wenn man es selbst wünscht«, antwortete sie, seine Hand drückend. »Aber sagen Sie mir lieber, warum Sie solche Scheißbücher kaufen und lesen, wie diesen Sade. Ich habe es in Ihrer Tasche gesehen, damals vor den Ferien und gedacht, wenn der das liest, muss es gut sein. Übrigens gesteht Ihr blöder Schreiberling den Leuten die Erlaubnis zu, zu stehlen.« »Ehrlich gesagt«, gestand der Deutschlehrer, »habe ich bis jetzt nur die paar Seiten daraus gelesen, die ich im Unterricht zitieren wollte, bei der Behandlung von Brechts ›Kreidekreis‹, weil der Sade da eine von Brecht angedeutete Idee von den ›Mütterlichen‹ um fast 150 Jahre vorwegnimmt. Erinnerst du dich? Ganz am Ende des Stücks von Brecht steht:

›Dass da gehören soll, was da ist, denen,
die für es gut sind, also
Die Kinder den Mütterlichen,
Damit sie gedeihen‹.

Die Chinesen Maos haben daraus geschlossen, dass der Staat selbst am mütterlichsten sei und haben die Kinder den Müttern weggenommen, wie auch die Schweizer die Kinder der Jenisch[61] … und Sade hatte lange davor gesagt: *N'imaginez pas de faire de bons républicains tant que vous isolerez dans leurs familles les enfants qui ne doivent appartenir qu'à la République.*«[62] »Ja, ich habe es gelesen. Dann aber schreibt er Dinge, die mir zuwider sind und die ich aus der Welt schaffe, auch damit sie nicht in die falschen Hände geraten.« Sie antwortete nicht, als er sie fragte, an welche Passagen und an welche Hände sie dachte.

Inzwischen hatte der Vater seine kleinmaschigen Netze wieder weggetragen und kam jetzt vom linken Seitenweg mit zwei Holzgestellen, die er behutsam absetzte, dann holte er eine Gießkanne. Bevor er sich an den Gestellen zu schaffen machte, ging er an den Rand seiner Zufahrt und spähte die Biegungen der Straße hinab. Es war jetzt mitten im November in seinem sonnigen windgeschützten Hof so warm, dass er die Lederjacke abnahm. Dann stellte er den kleineren der beiden Ställe links von sich auf den Boden. Er sah aus wie ein Handköfferchen aus Holz, etwa so groß, dass man eine Rumflasche reinlegen konnte. Der gewölbte Deckel besaß gut zehn runde Löcher und einen Holzgriff. Vorn war ein einfacher Hakenverschluss, den er jetzt öffnete. Daneben setzte er einen Teller mit kleinen Fleischhäppchen. Als Nächstes zog er einen Schieber vor einem taubenschlaggroßen Loch des umfangreicheren Gestells auf die Seite und rief mit einer überraschend weichen Stimme: »*Maluski*, komm, *maluski!*[63] Und ein Frettchen schoss blitzschnell aus dem großen in den kleinen Kasten. Aus dem hob er es dann, streichelte es, gab ihm ein ganz kleines Stück Fleisch und trug es in den anderen Kasten zurück. Das alles machte er mehrmals. Zwischen seinen präzisen Bewegungen schaute er immer wieder in alle Richtungen mit einem scharfen misstrauischen Blick, als ob er etwas Ungewohntes bemerkt hätte. Den bösen Blick, dachte der Deutschlehrer, *er* hat ihn. Wie kann ein so widerlicher Kerl eine so hübsche Tochter zeugen? »Hat er einen Verdacht?«, fragte er leise. »Nein, ich glaube nicht, er ist wie Ihr Rumpelstilzchen, er würde um nichts in der Welt den Namen seines Frettchens verraten. Deshalb seine lächerliche Vorsicht. Jetzt hat er eben nachgeprüft, ob sein Kumpel ›handzahm‹ ist, ihm aus der Hand frisst, ohne ihn zu beißen und ob er gehorcht, wenn er aus dem Stall in den Behälter springen soll, in dem er ihn zur Jagd mitnimmt.« Dann setzte er es liebevoll auf den Tisch und stülpte eine Art Käseglocke aus Draht darüber, während er den Stall reinigte. »Die Frettchen sind sehr saubere Tiere, sie lösen sich nicht gern, will sagen: verrichten nicht gern ihr Geschäft und nässen nicht gern außer in ihrem vertrauten Gehäuse.« Es war ein gelblich-weißes Albinofrettchen mit rubinroten Sehern, farblosen Krallen, rötlich-weißer Unterwolle, anliegenden Ohren und einer hübschen spitzigen Nase. Der Vater verschwand einen Augenblick und kam mit einem Glas zurück, in dem ein wenig Milch war; er brachte auch etwas Brot und einen Holzkasten wie eine Schublade mit. Dann nahm er die Glocke ab und stampfte zweimal kurz mit dem Fuß auf den hohlen Kasten. »So lockt er sein Tier, indem er ihm die Illusion gibt, ein

Kaninchen habe im Bau mit den Hinterläufen geklopft, wie sie es bei Gefahr tun.« Dabei war die Belohnung ein in Milch getunktes Stückchen Brot. Sein *maluski* und seine Befehle sagte er jedes Mal mit der gleichen sanften Stimme und immer genau im gleichen Ton. »Spricht er mit dir auch so freundlich?« »Wir wechseln schon seit Monaten kein Wort miteinander«, antwortete Apolonia. Bei der nächsten Dressurübung band er dem Tier ein Schellchen um und ließ es vom Behälter in den Zwinger springen. Kurz bevor das Tier in den Zwinger einschlüpfte, berieselte er es mit dem Brausekopf der Gießkanne und rief es sofort wieder heraus, wobei er es wieder berieselte. »Das Glöckchen dient dazu, dass der Jäger dem Lauf des Tieres durch Kessel und Röhren folgen kann, wenn er sein Ohr dem Bau nähert. Mit dem Bespritzen will er den Frett daran gewöhnen, auch bei Regen den Kaninchenbau nach getaner Arbeit schnell zu verlassen, statt im bequemeren Trockenen zu bleiben. Regenwetter ist nämlich gut zum Frettieren; die Kaninchen bleiben lieber in ihren Kesseln. Da lohnt es sich für den Wilderer, ihnen ihren Erbfeind auf die Fersen zu setzen, er ist sicher, dass viele in seine Netze gehen. Zudem gibt es weniger Konkurrenten, von den Jagdhütern ganz zu schweigen. Die kommen sowieso selten bis hier herauf, es sei denn, sie finden irgendeinen Vorteil. Noch etwas, Sie haben es wohl bemerkt: Alle Leute, die in das Gelände dahinter wollen, müssen am Haus vorbei. Keiner weiß so recht, wem was gehört und wo die Grundstücke aufhören und der Alte profitiert davon.« »Sag mal, haben die Leute in der Gegend Angst vor deinem Vater?« Sie nickte mehrmals stumm und deutete mit dem Kopf auf die Geste, die ihr Vater gerade machte. Zwischen Daumen und Zeigefinger servierte er seinem Helfershelfer, der sich wie ein Murmeltier auf den Hinterbeinen aufgerichtet hatte, eine helle schlehengroße Kugel. »Zum Glück kann man hier nicht hören, wie *maluski* das Kaninchenauge knackt und dann zufrieden goggert«, lachte

Apolonia, aber ihre Augen lachten nicht mit. Plötzlich war der Alte schlagartig verschwunden. »Was ist los? Hat das Telefon geklingelt oder holt er sein Gewehr?« »Wenn er fluchtartig ins Haus geht, hat er meistens eine Biene oder Wespe gehört oder gesehen. Im Spätherbst ist das wohl selten, aber vielleicht hat er etwas surren hören. Er hat eine Unverträglichkeit oder Allergie im Blut, die Stiche für ihn lebensgefährlich machen. Das ist so ziemlich alles, wovor er sich fürchtet. Telefon haben wir keins mehr.« Nach einer Weile kam er wieder heraus mit einer Mütze auf dem Kopf. In der Hand hielt er verschiedene Dinge, unter anderem ein Werkzeug. Dann zog er seine Lederjacke wieder an. Er rief sein Frettchen auf seinen Schoss, klemmte ihm einen Keil aus Holz ins Maul, wie's früher die Mönche mit den schwatzhaften Novizen taten, und griff nach einer Feile. Er begann, indem er beruhigend auf das Tier einredete, die vier Schneidezähne des Frettchens abzufeilen. Als ob er ihm zeigen wollte, wie man dabei die Lefzen hochzieht oder weil er sich konzentrierte, verzog sich seine Oberlippe zu einer Hasenscharte. Dabei sah man, dass er so schwarze Zähne hatte wie das Frettchen. Der Deutschlehrer glaubte das Geräusch des Feilens zu hören und bekam eine Gänsehaut davon. Apolonia spürte, dass er losbrüllen könnte und legte ihm sacht einen Finger auf den Mund. »Die machen das, damit sich das Tier nicht so leicht festbeißt, die Kaninchen schröpft und dann an Ort und Stelle einschläft, statt die Hasen aus dem Bau zu sprengen; im Bau ›kleben‹, *coller* auf Französisch. An diesen Tierchen hängen sie mehr als an ihren Hunden und ihren … Kindern. Für diese Leute ist es das größte Unglück, wenn ihnen eines abhandenkommt. Mein Alter hat Jäger beobachtet, die ihres mit bloßen Händen während mehrerer Stunden ausgebuddelt haben.« Als der Alte damit fertig war, streichelte er das Tier liebevoll und flüsterte ihm ein paar Mal denselben polnischen Satz ins Ohr: *»Jestesmy sobie podobni, maluski, mei maly, mei maly.«* »Was sagt er da?«, wollte der Deutschlehrer wissen. »Er sagte: ›Wir ähneln uns, wir sind beide gleich, mein Kleiner‹.« »Da hat er Recht, ich habe es am eigenen Leib erfahren. Er hetzt ein Geschöpf, fängt und schröpft es, besäuft sich, schläft ein und sieht sonst ganz harmlos aus wie ein Frettchen.«

Die letzten Worte hatte sie zischend und mit erstickter Stimme ausgesprochen und als er sich ihr zuwandte, sah er, dass sie weinte. Er küsste ihr die Tränen ab, die an ihren Wangen herunterliefen, dann drückte er fest seinen Mund auf den ihren, damit sie nicht beide durch ihr Schluchzen verrate. »Sie müssen jetzt gehen«, sagte sie, »er wird nämlich bald dieselbe Straße runterfahren, um meine Schwester zu holen. Wir sehen uns ja in der Schule«, sagte sie lächelnd. »Sie werden feststellen müssen, wie positiv sich Ihre Nachhilfestunden ausgewirkt haben.« Dann nahm sie seine Hand und fuhr damit über ihren prallen, jungen Körper. »Das könnte alles Ihnen gehören«, flüsterte sie. Dann rannte sie mit ihm zu den Kastanien, löste sich los und lief die Straße den Berg hinan, bis zu ihrem Haus. Er fuhr im toten Gang die vielen Kurven hinab und dann den Larzac hinauf, wo er in ein so dichtes Schneetreiben geriet, dass er im Schritt fahren musste.

Er hatte nur den einen Gedanken im Kopf, wie er diesem Tierschinder mit dem bösen Blick Schaden zufügen könnte. Ich hätte ihm auf der Straße eine Falle stellen müssen, sagte er sich, wusste aber nicht wie. Das Einzige, was ihm in den Sinn kam, war, heimlich nachts noch einmal dorthin zurückzukehren und ihm sein Miniaturraubtier zu klauen, an dem er hing wie an seinem Augapfel. Bei dem malerischen Tempelritterdorf La Couvertoirade ließ er den Wagen stehen und hielt sein Gesicht in die dicken Schneeflocken. Der Gang durch die Gassen im hohen Schnee und die unheimliche Stille beruhigten ihn ein wenig, aber böse Gedanken hatten sich festgebissen wie die Zähne des Frettchens im Hals des Kaninchens.

In der Schule haben sie sich nie wiedergesehen. Von der Oberin erfuhren die Lehrer, Apolonia habe auf Grund eines Zeckenbisses gesundheitliche Probleme. Sofort flammte bei ihm ein Zorn gegen den Vater auf: Sicher hatte er sie noch einmal gezwungen, an seinen Wildererstreifzügen teilzunehmen. Er wusste, dass Zeckenbisse bei Menschen und Tieren sehr gefährlich sein können.[64] Bei den argentinischen Rindern lösen sie eine Krankheit aus, die dort *tristeza* genannt wird. Nur keine *tristeza* dachte er, Trauriges haben wir schon genug. Und schreiben wird sie auch nicht können, fluchte er, in diesem Nest ist nicht einmal ein Briefkasten.

Er bekam aber dann doch einen Brief von ihr.

»Keine Angst, ich lebe noch! Ich will nicht behaupten, dass mir die Schule fehlt. *Sie* fehlen mir schon; wem könnte ich sonst alle Bosheiten sagen, die sich hier in mir ansammeln? Wie Sie wohl gehört haben, hat mich ein verflucht kleines Biest ans Bett gefesselt. Da misstraut man immer den Großen und wird schließlich von einem winzigen Ding reingelegt. Dann meinte einer, er könne die Zecke einfach mit etwas Vogelleim beschmieren und dann rausreißen, wie er es bei seinen Hunden tut. Denkste. Der ganze Beißapparat ist in meiner Haut steckengeblieben und hat geeitert. Da es auf der Schulter war, konnte ich selbst nicht viel unternehmen.

Übrigens habe ich mir die Zecke über unserer Kirche geholt. Ich bin neulich dorthin zurückgekehrt, um nach den Gewehren zu suchen. Ich habe auch eins gefunden; es war in einem Holzstapel versteckt, verpackt wie eine Angel, völlig unauffällig. Haben Sie Geduld! Eines Tages werde ich einfach bei Ihnen auftauchen (ohne das Gewehr). Bis dahin, leben Sie wohl!

Apolonia«

XVI Bartgrundel

Oder: Beim Dreikönigskuchenessen muss man auf die Figur achten

Das Einzige, was er sich von der an diesem Tag stattfindenden Lehrerkonferenz erhoffte, war, von den vielleicht besser informierten Nonnen der Schulleitung die Nachricht von Apolonias baldiger Rückkehr zu hören. Unter den um den runden Tisch versammelten Lehrern und Ordensschwestern war eine, die noch schneller errötete als er. Sie war größer als alle anderen Anwesenden und vierschrötig-stämmig wie ein Schrank. Bei sich hatte er sie immer ›Bartgrundel‹ genannt, weil sie lange Borsten am Kinn besaß. Seitdem er aber eine lustige Anekdote von Montaigne gelesen hatte, war sie von ihm ›Germain‹ getauft worden. Zum Scherz hatte er den anderen jungen weltlichen Kollegen erzählt, sie nenne sich Marie, heiße aber in Wirklichkeit Germain, wie das von Montaigne in einem Essay erwähnte Mädchen, dessen Männlichkeit mit zweiundzwanzig Jahren an den Tag trat, als sie einen etwas kühneren Sprung als sonst unternahm und dabei die Beine spreizte.[65]

Er hatte ihr gegenüber ein schlechtes Gewissen, weil das im Handumdrehen ihr Spitzname geworden war, sogar die Schülerinnen nannten sie so. Vielleicht war es ihr sogar zu Ohren gekommen. Zum Glück unterrichtete sie ein naturwissenschaftliches Fach und hatte wohl nicht Montaigne gelesen. Er hatte das Gefühl, dass sie ihn, aus welchem Grund es auch sei, nicht besonders mochte. Diese Nonne war Apolonias Klassenlehrerin. Als ihr Name an die Reihe kam und er wie auf glühenden Kohlen saß, erklärte sie, sich wichtigtuerisch in Positur werfend: »Was diese Schülerin betrifft, können wir endlich aufatmen, sie hat ihr

Exeat beantragt, sie wird das zweite Semester nicht mehr hier sein, aus, wie sie selbst schreibt, ›familiären Gründen‹. Sie will«, fuhr sie fort, »ihr Leben radikal ändern.« »Wird sie den Schleier nehmen?« fragte ein Witzbold. »Ich glaube nicht«, antwortete die Oberin an Stelle von Germain, »sie hat noch nicht genug gesündigt. Meines Erachtens ist es eher das Gegenteil.« »Mit ihr«, fing die Germain wieder an, »brauchen wir folglich keine Zeit zu verlieren und uns über eine nicht zu negative, in anderen Worten diplomatisch-beschönigende Beurteilung den Kopf zu zerbrechen.« Und sie wollte schnell zur folgenden Schülerin übergehen. Aber die Oberin unterbrach sie und schlug vor, eine Pause zu machen. Bevor also das Verdikt der Klassenlehrerin ins Zeugnis gesetzt wurde, stellten andere jüngere Klosterfräulein, die sonst im angeschlossenen Krankenhaus und Altenheim arbeiteten, Flaschen, Gläser und Gebäck auf den Tisch und vor allem die dem kürzlich gefeierten Fest entsprechenden Dreikönigskuchen und die dazu gehörenden, goldfarbenen Kronen aus Papier. Der Sitte gemäß befand sich in jedem der Kuchen eine Saubohne (früher eine echte, jetzt eine aus Plastik oder Porzellan) und eine der christlichen Ikonografie entlehnte Porzellanfigur, wie ein Lämmlein oder ein Jesulein. Wer eine davon in seinem Kuchenstück findet, ist König oder Königin und muss im Prinzip seinem durch Zufall bestimmten Gemahl einen Kuss auf die Wange geben. Einem der Anwesenden werden die Augen verbunden oder er dreht sich um und sagt den Namen der Person, der das jeweilige Stück zugeteilt werden soll. Damit soll vermieden werden, dass der Verteiler wissentlich jemandem eine Figuren enthaltende Portion serviert, weil man die nämlich manchmal am Schnittrand sehen kann, wenn sie nicht genau in der Mitte der Kuchenschnitte sind. Dann wurden Getränkeflaschen geöffnet, sogar Wein für die anwesenden Männer und auch von einem Mann zu entkorken. Der Deutschlehrer dachte an Apolonia und fragte sich, warum er ihre

Entscheidung auf diese Weise hatte erfahren müssen und was sie wohl dazu bewogen haben mochte. Dabei rieb er in Gedanken versunken den Staub der Flasche ab. »Bei uns in Frankreich«, sagte die ihm gegenüber sitzende Germain sehr laut, »lässt man absichtlich den Staub auf den Weinflaschen, vor allem, wenn es sich um alten Wein aus den Kellern des Klosters handelt.« Er ließ diese Maßregelung über sich ergehen, entschuldigte sich sogar, trank mit den anderen auf das Wohl der Schulgemeinde und lobte den Wein. Dann bat er leise die neben ihm sitzende, weltliche Kollegin, eine sympathische und kluge Sportlehrerin: »Kannst du nicht etwas sagen zugunsten Apolonias? Mir ist es nicht möglich, ich erkläre es dir später.« »*Ma sœur*«, sagte die nach einer Weile, »Sie haben vorher angedeutet, man brauche mit Apolonia nicht viel Zeit zu verlieren. Meiner Meinung nach ist es aber wichtig, dass gerade *sie* Beurteilungen in ihr Zeugnis bekommt, die ihr bei einer eventuellen Wiederaufnahme ihrer Studien nicht nachteilig sein dürfen.« Da antwortete die Nonne, ein Stück Kuchen in ihren Mund stopfend: »Wenn es hier Personen gibt, die unbedingt ein Wort für Apolonia einlegen möchten, dann können sie sich melden.« Dabei sah sie ihn zwar nicht an, aber er wusste wohl, dass es auf ihn gemünzt war. »Das tue ich ja eben«, antwortete die Kollegin und in diesem Moment sah und hörte jeder, dass Germain auf etwas Hartes gebissen hatte; jeder bemerkte aber auch, dass sie dieses Objekt nicht, wie es sonst jedermann tut, aus ihrem Mund entfernte, sondern versuchte, es zu schlucken und das, wie auch alle begriffen hatten, um niemanden auf die Wange küssen zu müssen und von niemandem geküsst zu werden, was in Anbetracht ihrer langen und borstigen Haare auf Backen und Kinn eher als rücksichtsvoll zu bewerten war. Allerdings musste es sich um eine besonders große Figur handeln, vielleicht um den Ochsen aus der Krippe der Heiligen Nacht, denn sie glitt nicht ohne Weiteres hinab, auf jeden Fall nicht ohne viel Husten, Schlucken, Pusten, Rotanlaufen und heftigen Schlägen in den Rücken vonseiten ihrer Nachbarinnen. Die Oberin bemerkte sarkastisch: »Bleiben Sie bei uns, *ma sœur*, zumindest bis zum Jahresende, wir haben keine Vertreterin für Sie.«

Später, als sich die Gruppe auflöste, näherte sich die Oberin seinem Stuhl, setzte sich neben ihn und sprach: »Sagen Sie mir doch, was wir Ihnen schuldig sind für Apolonias Nachhilfestunden.« Um ihre Mundwinkel zuckte ein Lächeln und nicht die geringste Spur von Argwohn oder Missbilligung. »Nichts, *ma mère*, wirklich nichts. Ich habe ihr helfen wollen, aber nicht in Form von regelrechten Stunden, sondern in Gesprächen; ich bin ihr auch näher gekommen; vielleicht habe ich auch ungewollt ihre überraschende Entscheidung beschleunigt, ich weiß es nicht. Im Deutschen hat sie übrigens ein sehr gutes Niveau, nur will sie sich in keinem Fach schulischen Verpflichtungen unterwerfen wie Hausaufgaben und Klassenarbeiten. Auf jeden Fall hat sie als Kind schon viel mitmachen müssen. Ich weiß jedoch nicht, was. Wenn ich sie wiedersehen kann, wird sie vielleicht ihr Problem in Worte fassen können.« »Ich glaube, Sie haben richtig gehandelt«, sagte sie sich freundlich verabschiedend.

Ahnte die Oberin, was in ihm vorging? Im Grund war es ihm ja gleichgültig – Apolonias Zukunft beschäftigte ihn mehr. Er hätte viel darum gegeben, sie zu sehen. Nicht, um von ihr Rechenschaft zu fordern, nur um sich zu überzeugen, dass ihr nichts zugestoßen war, dass sie völlig geheilt war, dass sie einen freien Entschluss gefasst hatte. Er ging an seinem Fach im Lehrerzimmer vorbei, um nachzuschauen, ob nicht eine Botschaft deponiert war und dann eilte er nach Hause den Briefkasten aufzuschließen, wo aber auch nichts steckte.

Aber er fand sie, auf dem Boden sitzend, den Rücken gegen die Wohnungstür. »Freuen Sie sich oder freuen Sie sich nicht?« fragte sie hochschnellend. »Natürlich, Mädchen, komm rein und sag mir, wie es dir geht. Im November sind doch keine Zecken mehr auf den Bäumen oder aber nur eine zählebige für dich. Und dein Alter, konnte der dich nicht zum Arzt bringen?« »Jetzt halten Sie mal«, sagte Apolonia. »Sie müssen alles schnell erzählen und ich muss alles schnell erzählen. Und dann oder dabei müssen wir schnell miteinander schlafen und ich muss wieder weg, weil der Alte, den wir so mögen, auf mich wartet, und zwar gar nicht weit von hier. Keine Angst, er weiß nicht, wo ich bin; er glaubt, ich hole Sachen aus der Schule und bei einer Freundin; ich habe aufgepasst, er ist mir nicht gefolgt. Ich bin schon vierzehn Tage weg von zu Hause; ich bin nur gekommen, um endgültig auszuziehen und um Sie zu sehen. Ich wollte, dass *er* mich zu Ihnen bringt und ich will, dass er auf mich wartet, während wir zusammen sind, und eines Tages werde ich es ihm erzählen, dass er daran verreckt.« »Und das Gewehr?« »Ja, das Gewehr könnte auch dazu dienen.« »Nein, ich meine, du warst verrückt, dorthin zurückzukehren und es zu suchen. Diese Leute sind gefährlich. Bitte versprich mir, dass du dich nie mehr dort aufhältst, was auch immer ich dir jetzt berichte.« Sie lachte, als er ihr die Sache mit dem Cafébesuch erzählte. Aber was in ihrem Kopf vorging, wusste er nicht. »Diese Höhlen würde ich schon mal gern erforschen. Einstweilen habe ich andere Dinge zu regeln. Als Erstes musste ich unbedingt weg. Ich habe da einen entfernten Verwandten und Freund aus meiner Kindheit, zu dem bin ich gezogen und werde dort eine Zeit lang bleiben. Er ist nett mit mir; ich liebe ihn zwar nicht, aber ich habe ihn gern. Es hat nichts mit uns zu tun. Vielleicht lasse ich Ihnen mal eine Nachricht zukommen, dass wir uns am Steinzeichen treffen, erinnern Sie sich? Erklären Sie das der *mère supérieure*[66], das ist die Einzige, die ich mochte. Ihr können Sie alles erzählen, wenn Sie es wollen. Ich meine: Alles was mich betrifft. Es war schön mit Ihnen. Klauen Sie in Zukunft doch lieber einen Ofen und Holz, in Ihrer Wohnung ist es saukalt, ich krieche unter die Decke.«

Während sie sich liebkosten, fing sie plötzlich an zu lachen und zeigte auf seine Hose, die in der Nähe des Betts über einen Stuhl gehängt war. Aus einer Tasche rieselte es wie in einer Sanduhr, auf den Boden. »War's schön im Sandkasten«, fragte sie, »haben Sie schön gesandelt?« Und lachte dabei, dass es eine Freude war. »Den Sand habe ich an der Dourbie aufgelesen, keiner will mir glauben, dass es da so hellen, feinen Sand gibt«, log er. Denn in Wirklichkeit war es Salz, das er in einem Anfall von Aberglauben, bevor ihn der Abbé von seinen Befürchtungen geheilt hatte, in seine Hosentasche getan hatte, um sich gegen eine Verhexung zu schützen. Zwei Dinge, hatte er gelesen, seien dazu in der Lage: verkehrt, das heißt links angezogene Wäsche und Salz in den Taschen. Das mit der Wäsche wäre ihm wirklich unbequem gewesen. »Den Sand der Dourbie und den Deutschlehrer meiner Jungmädchenträume werde ich wahrscheinlich lange nicht mehr sehen, vielleicht nie mehr«, flüsterte sie. Dann lüftete sie die Decke mit einem Ruck, schob ihre langen polnischen Beine aus dem Bett, zwängte ihre schönen polnischen Brüste in ihr Kleid und zähmte ihr volles polnisches Haar in einen braven Pferdeschwanz. »Aber ich werde eine dauernde Erinnerung mitnehmen.« »Ja«, meinte er naiv, »auch als Erklärung für deinen Alten werde ich dir ein paar Bücher mitgeben, aber zuerst muss ich dir etwas vorspielen, was ich eigens für dich komponiert habe.« Dann setzte er sich splitternackt auf den eiskalten Sitz eines Sattelschleppers, den er zum Klavierstuhl umgebaut hatte und spielte den ›Blues für Apolonia‹, während sie sich vollends anzog. »Er gefällt mir. Da fehlt nur ein Text. Fangen Sie nochmals die Melodie an, statt in Ihre endlosen Improvisationen zu verfallen, ich werde etwas dazu singen.« Sich kämmend, summte sie anfangs zaghaft und dann mit immer sichererer Stimme einen polnischen Text zu seinem Lied. Er musste an die Lorelei denken, die er in ihrer Klasse gelesen hatte. Diesen Vergleich verjagte er aber schnell, sich erinnernd, dass diese Verführerin ihre Anbeter alle schiffbrüchig gemacht hatte. Ihr Text schien etwas traurig zu sein, denn als er sich umdrehte und sie, bereit Abschied zu nehmen, über das knirschende Salz zur Tür schreiten sah, bemerkte er, dass sie Tränen in den Augen hatte. »Schnell, die Bücher«, rief sie. Da nahm er geschwind Henri Boscos wunderbare Liebesgeschichte ›Le Mas Théotime‹, Gionos ›Un roi sans divertissement‹[67] und einen Keyserling, auf Deutsch, den er viele Jahre später mit der weiter oben erwähnten Weberin ins Französische übersetzt hat. »Der wird dir gefallen, da ist von einem jungen Polen die Rede.« Als sie die Tür schon halb geöffnet hatte, rief er: »Halt, ich habe sie in eine Tüte mit *deutscher* Aufschrift gepackt, ich suche nach einer anderen.« Als ob er sie so zurückhalten könnte! »Nein«, bestimmte sie, »die behalte ich, im Gegenteil, die kommt gerade recht.« Und weg war sie. Während sie die Treppenstufen hinabsprang, glaubte er seine Melodie zu hören. Halbwegs angezogen stürzte er ihr nach, sie war aber nicht mehr zu sehen. Der Lieferwagen zum Glück auch nicht. Er lief in den nächsten Tabakladen, wo er sie zu finden hoffte. Um seinen Eintritt dort zu rechtfertigen, kaufte er eine schwarze, teure Brasilzigarre, wie er sich sonst nie eine leistete, ging zurück nach Hause, wo er sich wieder auszog, nach Apolonias warmem Platz tastete und gierig in sich einzog, was von ihren Düften übrig war. Dann zündete er die Zigarre an, aber ihm schwindelte gleich ein wenig davon, wohl auch von den sich überstürzenden Ereignissen, und er wäre gern eingeschlafen, um von Apolonias schönem Körper zu träumen.

Aber da fiel ihm plötzlich etwas ein. Er musste unbedingt in die Bibliothek. Er musste wissen, welche Bücher sie damals gelesen und vor ihm verdeckt hatte.

XVII Drachen

Oder: Darf der Staat alte Jungfern besteuern?

In der Bibliothek überwachte strengen Blickes ein alter Drachen den Lesesaal. Bei dessen alleinigem Anblick musste man dem Preußenkönig Friedrich I. Recht geben, die vierteljährlich sechs Groschen der Epoche betragende Jungfernsteuer eingeführt zu haben. Der Deutschlehrer gab vor, er habe an dem und dem Tag verschiedene Werke in den Lesesaal entliehen, aber versäumt, für seine Bibliographie alle Daten zu notieren. Sie griff nach einem Heft, ließ es aber nicht, wie er es erhofft hatte, aus ihren gelblichen Geierfängen, sondern diktierte ihm pedantisch, was er schon wusste, dass er nämlich an diesem Tag ein paar Bände von Bonalds Schriften und ein Werk eines gewissen Ranft in den Lesesaal bestellt hatte und dass man ihm erlaubt hatte, Fotokopien zu machen. Er passte auf, wo sie es hinlegte und setzt sich dann in die Nähe des Katheders. Da wartete er auf den Augenblick, wo sie sich entfernte. Es hatte keinen Wert, sie nach der Lektüre einer anderen Person zu fragen, sie hätte, davon war er überzeugt, ihr Berufsgeheimnis vorgeschoben. Dann hörte er Schritte hinter ihr und sah einen zierlichen Rücken. »Haben Sie sich erdreistet, dem Herrn da neulich eine Fotokopie aus einem Buch zu machen, das vor 1750 gedruckt wurde?« »Neulich, *mademoiselle*, war ich noch gar nicht da«, antwortete die Kollegin, sich umdrehend, und er erkannte sie sofort. »Es muss meine Vorgängerin gewesen sein.« »Ja, natürlich«, mischte sich der Deutschlehrer ein, »wissen Sie, die *demoiselle,* die noch älter, hässlicher und unfreundlicher war als Sie es sind; ich gebe zu, dass das nicht einfach ist, aber sie hatte es geschafft.« Da lachte die junge Frau los und füllte den staubigen Saal mit etwas Leben. »Um was für ein Buch handelt es sich denn?« wollte sie wissen. Die Chefbibliothekarin beugte sich über das Heft. Offensichtlich hatte sie bis jetzt nur das Erscheinungsdatum des Werks betrachtet, denn als sie jetzt den Titel las, wurde sie puterrot, klappte das Heft zu und verzog sich zischend in die Büroräume. Dann schlug die junge Bibliothekarin das Heft wieder auf und las laut, sich vor Lachen biegend, wie Apolonia: Ranft, Michael, *Traité sur les Défunts qui mastiquent dans leurs sépulcres*, 1732, 128 Seiten.[68] Sie kam fröhlich auf ihn zu. »Ihre Beinprothese ist gute Arbeit, man könnte glauben, ein echtes.« »Ja, frotzeln Sie nur«, antwortete sie. »Ich haben den ganzen Sommer über einen Gipsfuß gehabt; unten im Gelenk war das Bein verstaucht, deshalb die Schwellung, und das Schienbein war gebrochen.« »So mussten Sie wenigstens Ihre Freizeit nicht auf einem hitzigen Klepper verbringen. Oder waren Sie deswegen umso mehr Börsenberichten und Zinsfüßen ausgeliefert?« »Nicht den ganzen Sommer über«, lachte sie. »Und wie haben Sie's bei der Hitze mit dem Jucken gemacht?« »Ah, Sie haben das auch erlebt.« »Mit dem Märklin-Baukasten hatte ich mir eine artikulierbare Kratzschiene gebaut, mit einer Schraube an Ende. Welche Wonne, wenn ich endlich an die juckende Stelle kam! Bleiben Sie jetzt im Saal?« »Ja, ich habe die Kollegin abgelöst.« »Jeder hat so seine Kollegen. Ich habe in meiner Schule nicht weit von hier auch ein paar Prachtexemplare. Deshalb bin ich auch da. Genau gesagt, nicht wegen Kollegen, sondern wegen einer Schülerin. Es handelt sich um ein Mädchen, das ein paar Lehrer, darunter ich, sehr ins Herz geschlossen haben, das aber andere von der Schule feuern wollen, weil der Umgang mit ihr in der Tat nicht einfach ist. Es wäre gut für uns, die wir ihr helfen wollen, wenn wir wüssten, welches Problem dieses Mädchen mit sich herumträgt. Ich habe es selbst hier arbeiten sehen, vor den Ferien, und ich habe das Gefühl – natürlich kann ich mich irren – dass uns die Kenntnis der Werke, die das Mädchen in dieser Periode konsultiert hat, von Nutzen wäre. Sie stehen in dem blauen Heft, das Ihre Kollegin vorhin so energisch zugeklappt hat.« »Gut, sagen Sie mir das Datum und den Namen der Ausleiherin.« Dann blätterte sie und ließ den Blick auf einem Eintrag ruhen. Die Augenbrauen hochziehend schrieb sie ein paar Titel auf ein Stück Papier. »Das könnte in der Tat aufschlussreich sein«, sagte sie seufzend und reichte ihm das Blatt:

Pichot, F. / Alvin, P.: *Welche Probleme haben sexuell missbrauchte Jugendliche?*
Anderson Laleen, S.: *Zum Zusammenhang zwischen dem missbrauchten Kind und dem suizidgefährdeten Jugendlichen.*
De Valck, A.: *Der Inzest oder die langsame Ermordung eines Kindes. Versuch einer Therapie.*
Kavemann, B. / Lohstoter, I.: *Kriminelle Väter. Sexuelle Gewalthandlungen bei kleinen Mädchen.*

»Ich habe Drogen befürchtet«, sagte er, »das hier ist aber nicht besser. Das Schlimmste: Ihren Vater habe ich in Verdacht, das ist ein mieser Kerl.« »Und ich habe das Gefühl, dass Sie dabei sind, in eine heikle Sache reinzurutschen.« »Bin schon drin, bis zum Hals«, murmelte er, sich zu einem Lächeln zwingend. »Darf ich Ihnen zu einem anderen Gegenstand eine mehr oder weniger persönliche Frage stellen?« »Stellen Sie sie, nur zu!« »Ist Ihr Freund und Pferdenarr gleichzeitig Jäger oder mit diesem Milieu des Dourbietals gut befreundet?« »Das würde ich wissen«, sagte sie kategorisch. »Ich bin sicher, dass er keinen Jagdschein, keine Waffen und keine Jagdkenntnisse besitzt. Außerdem würden wir in diesem Fall, denke ich, viel mehr Wild verzehren. Er lebt noch nicht lange in der Gegend, wie ich auch, und kennt nicht viele

Einheimische. Warum fragen Sie das?« »Wenn er diesem Milieu nahegestanden hätte, hätte ich ihm, quasi um mich zu entschuldigen, ein gut dressiertes Frettchen besorgen können. Ich kenne jemanden, der seines hergeben muss. Diese Tiere können in der freien Wildbahn nicht überleben. Es wäre schade, wenn man es einfach aussetzen würde.«

Er fand sich schon ein wenig gemein, die Sache bei dieser liebenswürdigen Person so hingedreht zu haben, dass er sich über seinen flüchtigen Verdacht gegenüber dem Banker Klarheit verschaffen konnte. Und er fragte sich, fast im Ernst, ob nicht etwa *er* der Böse in dieser ganzen Geschichte sei. Vielleicht doch nicht der Böse, aber möglicherweise der Dumme, schloss er dann.

XVIII Glühwürmchen

Oder: Wie eine langwierige Dressur sich plötzlich verflüchtigen kann

Im Grunde war der Vorschlag mit dem Frettchen nichts anderes als eine Selbstüberrumpelung; durch ein Versprechen wollte er sich zum Handeln zwingen, in anderen Worten: in den abgelegenen Weiler zurückkehren. Er musste sich einfach noch einmal in die Sackgasse wagen, die sich da hochschlängelte und den gewundenen Gängen eines Mistkäfers oder den Röhren eines Kaninchenbaus ähnelte, in dem allerdings keine unschuldigen Kaninchen hausten, sondern wo ein stinkender Iltis lauerte, dessen Zähne aber nie stumpfgefeilt worden waren.

Und da war das gestohlene Gewehr. Gegen wen sollte sie es denn benützen, es sei denn gegen ihren Vater, der nicht nur ein Tierschinder, sondern höchstwahrscheinlich auch ein Kinderschänder war. Zwar hatte sie gesagt, sie wohne jetzt weit weg und bleibe nur ein paar Stunden, aber vielleicht war es nur eine Notlüge, um ihn zu beruhigen. Auf keinen Fall durfte sie sich für ihr ganzes Leben unglücklich machen, indem sie diese Waffe auf den Alten richtete, um sich zu verteidigen oder sich zu rächen. Und das Blinzeln, als sie sagte, der ehemalige Kastanientrockenraum, wo er seine Fasanen abhänge, bis sie einen Stich bekamen, sei nie abgeschlossen. War das nicht eine Art Einladung zurückzukehren? Sie hatte vieles vorausgesehen, womöglich vorausgeplant, warum nicht, wie sich sein Verdacht und seine Abscheu gegen ihren Vater entwickeln würden? Gleichzeitig hatte sie ihn auch vor dessen Jähzorn gewarnt. So überzeugte er sich doppelt und dreifach, dass er zu ihrem Haus fahren musste. Wenn er sich versichern könnte, dass sie nicht da war, wäre er schon beruhigt.

Also warf er für alle Fälle eine Decke in den Wagen und zog feste Stiefel an, nahm einen kleinen Vorrat an Zigarren, tankte und fuhr auf der Straße, die Apolonia ihm gezeigt hatte, los. Zum Glück schneite es nicht, aber an den meisten Stellen, wo der Nadelwald zu beiden Seiten die Straße säumte, gab es Glatteis. Er musste seinen Elan etwas bremsen. Er durfte nichts überstürzen. Am Straßenrand sah er ein Schild für eine *auberge*[69] in Aumessas. Wenn der Alte ihn je überraschen sollte, konnte er vorgeben, dass er dieses Restaurant suche; es war noch nicht spät genug, der Vorwand konnte noch glaubhaft sein. Er fuhr durch das auf halber Höhe liegende Dorf, das friedlich mit rauchenden Kaminen im Abendnebel lag. Bei den letzten Kurven bis zum Hohlweg schaltete er das Licht aus und fuhr im Mondschein weiter. Den Wagen parkte er in Abfahrtsrichtung, die Türen verschloss er nicht und ließ sogar den Zündschlüssel stecken für den Fall, wo es um eiliges Verduften ginge. Hier würde keiner vorbeikommen und ihm den Wagen klauen.

Um das Haus des Polen war es stockdunkel. Ein Metallteil glänzte im Schein des Mondes, der durch die Kastanien fiel und zeigte ihm an, dass der Lieferwagen dastand. Für alle Fälle, sagte er sich, nahm ein Streichholz und klemmte es ins Ventil eines Vorderrads. Da ließ er ziemlich viel Luft raus, aber nicht zu viel, damit der Benützer nicht sofort bemerkte, dass es fast platt war. Ganz langsam, sich mit Händen und Füßen vortastend, schlich er zur Fensterfront. Ein paar Flaschen und Blumentöpfe hätten ihn verraten können. Er warf sich vor, bei seinem Besuch mit Apolonia nicht viel mehr Einzelheiten registriert zu haben. »Immer so schauen, als ob du abzeichnen wolltest«, hatte ihm der Kunsterzieher P. Fidel Arnold mal gesagt, der ihm das Universum der Steinmetzzeichen erschlossen hatte. In Apolonias Zimmer war kein Licht. In den Fensterläden des Wohnzimmers waren Ritzen, durch die Licht nach außen fiel. An einer der Angeln war an der

Rahmung ein größeres Stück Granit abgebrochen. Die Glimmer- und Quarzkörner im Gestein funkelten wie Leuchtkäfer[70]. Er traute sich nicht zu nahe ran. Es war ratsam, das Haus von hinten zu umgehen, um von dort etwa durch ein Fenster ohne Läden die Bewohner erspähen zu können. Er ging wieder an Apolonias Zimmer vorbei und an der Südfassade entlang nach hinten. Da hielt er plötzlich den Atem an. Er war sicher, dass ihm jemand gewinkt hatte. Er rührte sich nicht vom Fleck und gewöhnte seine Augen an die Dunkelheit. Dann sah er ihn. Neugierig starrte ihn der Hund des Wilderers an. Wie ein Scheibenwischer im Langsamtakt wedelte sein Schwanz hin und her. Er schien am Ende seiner Laufkette zu sein. Der Deutschlehrer behielt im Gedächtnis, dass der Zwinger hier offen, und auf der anderen Seite von einem Maschendrahtzaun über einer niedrigen Mauer begrenzt war. Vorsichtig trat er wieder in den Schatten des Hauses zurück. Kein Fenster der Rückfront war erleuchtet. An der Ecke zögerte er, ob er noch einmal zum defekten Fensterladen gehen oder lieber den Rückzug antreten sollte. Da hörte er das Geräusch eines umgeworfenen Stuhls, eine schrille Mädchenstimme und lebhafte Schritte und dann wieder Tische und Stühle, die man verrückte. Bevor er sein Guckloch erreichte, wusste er, dass es die Stimme von Apolonias Schwester war. Der sichtlich hocherregte Vater rannte ihr um einen eichenen Tisch herum nach, er schien schon etwas außer Atem, oder es war das abscheuliche Schnauben einer tierischen Brunst. Das Mädchen war zierlicher und jünger als Apolonia. Es trug die Hose, die im Kaufhaus verschwunden war. »Gehab dich doch nicht so«, sagte der Pole zynisch mit seiner sanften Stimme, »das letzte Mal warst du doch einverstanden.« »Du Dreckschwein, du verfluchtes, geschlafen habe ich und du Drecksau hast dich auf mich geworfen.« »Du kannst schreien, so laut du willst, grinste der Alte, hier hört dich keine Sau, nur die Drecksau von Vater, wie du sagst.« Der Deutschlehrer sah, wie das Mädchen die Haustür anvisierte, aber der Pole hatte es auch bemerkt. Er versuchte auf den Tisch zu steigen, das Mädchen schwenkte jedoch einen Stuhl mit solcher Gewalt im Kreis herum, dass er sich nicht nähern konnte, ohne sich weh zu tun. »Komm bloß nicht hier rüber«, kreischte sie. »Ich zünd' diesen Schweinekoben an, ich bring' dich um, früher oder später bringen wir dich um.« »Wie denn, mein Kleines, meine Gewehre sind in Sicherheit.« »*Deine* Gewehre brauchen wir nicht dazu, du geiler Hund.« Jetzt musste der Deutschlehrer sehr schnell etwas unternehmen. Er könnte mit aller Kraft an den Laden trommeln, aber dann würde der gemeine Kerl mit seinem Gewehr herauskommen. Er wäre gezwungen zu verschwinden und für das Kind würde das nicht viel ändern. Der Pole durfte nicht wissen, dass jemand Zeuge dieser Szene war. Während das Mädchen in ein Schluchzen ausbrach und schrie: »Warum hat Pola mich denn allein gelassen mit diesem Scheusal?«, lief er zur Nordfront des Hauses. Er hörte noch, wie der Pole sagte: »Pola war viel verständiger als du.« Da war er schon auf der anderen Seite des Hundezwingers. Dort zwirbelte er mit seinen dicken Fingern einige Maschen des Drahtgeflechts auf. Den Hund brauchte er gar nicht herbeizulocken, der stand schon ganz nahe da und glotzte ihn gutmütig an. Durch das Loch, das er in den Zaun gemacht hatte, packte er sanft den Hals des Hundes und zog ihn zu sich heran, als ob er ihm die Flanken streicheln wollte, dann spannte er, – »es tut mir leid, es wird nicht lange dauern« – den Draht um den Hals des Tieres und flocht ihn zu, nicht so eng, dass der Hund erstickte, aber so, dass er sich noch mehr verfing, wenn er zerrte. Sofort begann der Köter zu quietschen wie ein Schwein, das geschlachtet wird, und dann zu heulen wie eine ganze Meute von Wölfen. Schlagartig schwiegen die Stimmen im Innern. Das arme Tier brüllte in Todesangst weiter, als ob es sich daran erinnerte, was derlei in Schlingen gefangene Lebewesen erwartet. Mit Recht vergaß er seine Dressur als stummer Hund. Sich in der Dunkelheit verbergend, hörte der Deutschlehrer wie eine Pforte geräuschvoll entriegelt und aufgestoßen wurde. Es war wohl die Hintertür, die direkt zum Zwinger führt. Und kurz darauf öffnete sich auch leise die vordere Haustür und blitzschnell rannte Casimira aus dem Haus, einen Mantel und eine Tasche in der Hand. Mit wehendem Haar stürzte sie die Straße zum Dorf hinab. Wenn das nicht eine schreckliche Wirklichkeit gewesen wäre, hätte er diesem Schauspiel lange zugesehen. Zuerst wollte er ihr nachrennen, besann sich aber dann eines Besseren, sprang in den Graben, da wo, wenn er sich duckte, die Scheinwerfer des Wagens ihn nicht erreichen konnten, falls der Pole sie je anschaltete. Zum Glück hatte er bei seiner Ankunft diesen kleinen Sabotageakt begangen: mit seinem platten Reifen konnte der Vater seine Tochter nicht verfolgen. Er war bereit, dem Mann den Weg abzuschneiden, sofern er in die gleiche Richtung loslaufen sollte. Aber der schien zu glauben, dass sie sich in der Nähe des Hauses versteckte. Er hielt zwar sein Gewehr in der Faust, schien aber keinen fremden Eingriff zu verdächtigen. Mit schmierig weicher, weinerlicher Stimme bat er sie, reinzukommen. »Hast du Angst vor dem Gewehr? Ja, ich tu's weg. Es ist nichts passiert. Unser Hündlein hat sich im Draht verfangen. Komm bitte rein, es ist kalt.« Er rief auch ins Innere. Als der Deutschlehrer seine Stimme hinter dem Haus in Richtung Hügel hallen hörte, rannte er zum Kastanienhain und von dort zu seinem Wagen. Er hoffte, das Mädchen einfangen zu können. Er fuhr ohne Licht und ganz langsam, damit sie eventuell, wenn sie am Wegrand versteckt war, erkennen könne, dass es sich nicht um den Wagen ihres Vaters handelte. Aber sie war nirgends zu sehen. Auch im Dorf nicht.

XIX Frettchen

Oder: Wer weiß, ob da nicht einer auf Sie lauert?

Als er an der Bibliothek ankam, fiel ihm ein, dass er nicht einmal den Namen der Bibliothekarin kannte und deshalb fragen musste, ob ›die Neue‹ da sei. »Sie müsste da sein«, war die barsche Antwort einer Kollegin. So beschloss er, sie vor der Bibliothek zu erwarten. Der Schnee war auf den Gittern liegen geblieben und gefroren; aus den Bäckereien roch es gut nach frischem Brot; die Papierwarenhändler rollten ihre Staffeleien mit den Postkarten der Geier des Jontetals[71] vor ihre Läden; die auf der Straße schwatzenden Frauen dampften sich gegenseitig an; die Schulkinder trugen ihre Ranzen wieder auf dem Rücken, wie früher. Da kam sie gemütlich um die Ecke. »Wenn Sie's schon nicht eilig haben, obwohl Ihre Kolleginnen Sie ungeduldig erwarten, können Sie auch einen Kaffee mit mir trinken.« Sie gingen in ein Gasthaus unter den Arkaden, das, Ironie des Zufalls, den Namen *Braconne,* ›Wilderei‹, trug und heute noch trägt. »Sie sehen schlecht aus«, meinte sie. »Für alle Arten der Ermüdung kann ich Ihnen einen Tee aus Hirtentäschelkraut, Schafgarbe, Baldrian- und Queckenwurzel empfehlen. Sie sehen, Sie haben mich angesteckt.« »Sie machen sich über mich lustig und es geschieht mir recht so. Ich würde auch gern mit Ihnen über alles Mögliche plaudern, aber wir müssen vorerst etwas für die Mädchen unternehmen.« »Sind es denn mehrere?« »Das Mädchen von dem die Rede war, ist wahrscheinlich außer Gefahr, es scheint nicht mehr bei dem Vater zu wohnen. Aber da ist eine jüngere Schwester, die jetzt von ihm belästigt wird. Ich habe es mit eigenen Augen gesehen.« »Ich habe über alles nachgedacht, ich will Ihnen helfen, aber lieber *für* die Mädchen als *gegen* den Vater … Schon die in die Bibliothek bestellten und dort gelesenen Werke waren ein Hilfeschrei, den die Kollegin, meine Vorgängerin, hätte vernehmen müssen. Aus Angst, dass sich jemand für ihr miserables Leben interessieren könnte, schließen die meisten Leute die Augen gegenüber dem der anderen, auch wenn die Gefahr zum Himmel stinkt. Ich habe mit einer Sozialarbeiterin und einer sehr aktiven Frauengruppe Kontakt aufgenommen.« »Solange Sie keinen Psychologen oder schlimmer noch Schulpsychologen einweihen, ist es in Ordnung. Aber lassen Sie mir zwei Tage, bevor Sie etwas Konkretes tun«, bat er sie, »ich würde diesem Ungeheuer gern einen persönlichen Denkzettel verabreichen.« »Passen Sie auf sich auf! Sie sind sehr impulsiv. Wer weiß, ob der andere Sie nicht erwartet? Darf ich Sie auch etwas Persönliches fragen?« setzte sie hinzu. »Ja, natürlich!« »Haben Sie dieses Mädchen geliebt?« »Ich glaube schon«, antwortete er, gegen ein Erröten ankämpfend, »aber es ist keine einfache Geschichte.« »Gibt es das überhaupt bei Ihnen?«, lachte sie und fragte noch, sich schon zum Eingang der Bibliothek wendend: »Werden Sie mir diese da auch mal erzählen wie die mit dem provenzalischen Jäger?« »Das ist gut möglich, zumal es auch eine ist von Jägern und Gejagten.«

Er dachte an das Wort ›erwarten‹, das sie benützt hatte. Hatte Apolonia absichtlich einen Stein ins Rollen gebracht? Hatte sie mit ihrem prophetischen Talent, seine Reaktionen voraussehend, ihm eine vorgegebene Rolle zugedacht? Vielleicht erwartete ihn der Alte nicht. Aber erhoffte Apolonia, dass er für ihre Schwester eingreife? Alle ihre Bemerkungen liefen darauf hinaus, dass sie damit rechnete, er werde früher oder später die Wahrheit finden. Sie war wohl sicher, dass er, wenn er einmal begriffen hatte, nicht müßig zuschauen würde, wie sich die Dinge entwickeln. War es unvermeidbar gewesen, dass sie ihre Schwester dem Alten auslieferte? Vielleicht deshalb die Hose und das Gewehr? Inwiefern *er* nun wirklich eingeplant war, konnte er nicht beurteilen. Auf jeden Fall war er überrascht gewesen, wie schnell sie mit seinem Vorschlag, ihr Haus zu sehen, einverstanden gewesen war … Eines war sicher: So leicht wie mit dem ›hohen‹ Bankangestellten würde er es mit dem Vater nicht haben. Der Schulrat und die Jäger hatten ihn von seinem hohen Ross heruntergeholt. Nach all dem, was er von Apolonia erfahren und selbst beobachtet hatte, war es klar, dass er es mit einem ganz durchtriebenen, gewalttätigen, mit allen Wassern gewaschenen Kerl zu tun hatte. Trotzdem brannte er vor Ungeduld, ihn zu verletzen, ihm Schaden zuzufügen, ihm Angst einzuflößen. Dass das nun ein Polenfranzose war, hatte überhaupt nichts zu sagen. Wäre es ein Deutscher oder sogar ein Schwabe gewesen, hätte er gleich gehandelt. Es stand auch fest, dass er nur einmal dorthin zurückkehren konnte, weil der Mann nachher auf der Hut sein würde. Natürlich könnte er andere einschalten, die offiziellen Jäger der Gemeinde benachrichtigen, dass da einer das von ihrer Jagdgesellschaft ausgesetzte Wild massakriere. Anonym wollte er es nicht tun; er wollte denen aber auch nicht die Möglichkeit geben, sich später gegen ihn zu wenden oder ihn in irgendeiner Aktion vorzuschieben. Außerdem konnte man heute nicht mehr auf die tiefe Rivalität zwischen Jägern und Wilderern zählen. Früher waren sie die größten Feinde, weil die Jäger klar auf der Seite der Legalität, der Legitimität standen, ja sogar mit den Behörden gleichgesetzt wurden, wie die Oberförster in Deutschland. Die Wilddiebe wurden je nach Epoche gebrandmarkt, ausgepeitscht oder sogar gehängt, wenn sie es nachts taten; in Württemberg mussten sie Spießruten laufen und Herzog Ulrich befahl 1517, dem Jahr von Luthers Ablassstreit und Grünewalds Maria-Schnee-Altar, die Blendung der Ertappten. Im Frankreich des 16. Und 17. Jahrhunderts hatte der Denunziant, das wäre er gewesen, Anspruch auf ein Drittel der verhängten und einkassierten Strafe. In unseren Tagen schienen sich die zwei Parteien fast einig zu sein im Kampf gegen die europäischen Jagdgesetze. Da war keine Initiative zu erwarten und auch nicht von den Behörden, die gebeten worden waren, ein Auge zuzudrücken, weil diese Kategorie von Wählern gewonnen werden musste. Denn sie waren den Umweltschützern zahlenmäßig überlegen und spinnefeind. Sie wählten und wählen für die Partei, die ihre Jagdgewohnheiten, diese vorgeblich traditionelle Form typisch französischer Lebenskunst, nicht einschränkt. Zudem war die Grenze zwischen Jägern und Wilderern sehr unscharf. Er selbst hatte von einem Wildschwein gegessen, das in der Camargue vom Jagdhüter eines riesigen, an reiche Sonntagsjäger verpachteten Jagdareals vom Autofenster aus nicht sehr waidmännisch abgeknallt worden war.

Alle diese Überlegungen nahmen ihm aber nicht die Angst, die sich seiner bemächtigt hatte. Scheinbar zum Spaß zählte er sich die möglichen Situationen auf, die eintreten könnten, wenn er zu Apolonias Haus fuhr. Wenn es je zu einem Handgemenge käme und er den Kürzeren ziehen würde, würde ihn der Pole wahrscheinlich mir nichts, dir nichts in seinem Ofen verbrennen. Und er hätte bestimmt noch das Gefühl, ein gutes Werk an seinem Volk zu tun. Und er? Er hatte immer das Kunstwerk der Eisenbahnlinie zwischen Le Vigan und Tournemire bewundert mit ihren eisernen Brückengeländern, den zahlreichen eleganten Tunnels und den hübschen, längst zu anderen Zwecken umfunktionierten Bahnhöfen. Sie zog sich teils neben, teils unter, teils über der Straße hin, war aber seit über fünfzig Jahren nicht mehr in Betrieb. Einige Tunnels hat die Armee gekauft, in ein paar anderen ist eine Champignonzucht untergebracht, aber die meisten zerfallen zusehends. Apolonia hatte ihm erzählt, dass in ihrer Nähe auch mehrere waren, in denen sie und andere Kinder verbotenerweise gespielt hatten. Ja, er würde ihn in so einen halbzerfallenen Tunnel schaffen und dann mit einer Stange so lang an den schon gelockerten, halb losgelösten Gewölbesteinen herumstochern, bis ein Teil des Gewölbes über seiner Leiche zusammenstürzte.

Aber diesen möglichen Ausgang musste er nicht in die Tat umsetzen. Er hatte ganz unten im Dorf geparkt, weil er in dieser eiskalten und feuchten Nacht Glatteis auf der Straße zu Apolonias Haus befürchtete. Der Fußmarsch würde ihm auch erlauben, seinen Körper an die Kälte und seine Augen an die Dunkelheit zu gewöhnen. Er hatte einen grobleinenen Sack dabei, zwei Sprühdosen und eine Taschenlampe. Um das Haus herum herrschte totale Finsternis und Stille. Der Wagen des Alten stand am üblichen Platz. Was er vorhatte, konnte fast geräuschlos vor sich gehen. Der Pole durfte nicht dabei aufwachen. Aber wenn er gar nicht zu Hause war, sondern jeden Augenblick von einer Wildererpirsch zurückkäme? Dann säße er schön in der Falle. Ziemlich bange nahm er die Sprühdose mit schwarzer Farbe und sprühte in großen Lettern

»Alle wissen es, du Schwein!«

gegenüber der Haustür auf die helle Wand. Das einzige Geräusch war das leichte Zischen des Gemischs. Der Gestank der Farbe vermengte sich mit dem kräftigen Duft des feuchten Buchses. Dann schlich er zum Frettchenstall. Das Frettchen trug noch sein Glöckchen am Hals. Damit das keinen Lärm verursache und weil er weder Werkzeug noch Messer bei sich hatte, zog er den Klöppel heraus. Er war erstaunt, wie leicht er mit seinen dicken Pratzen das Tier geräuschlos und behutsam aus seinem Zwinger in den durchlöcherten Tragkasten brachte. Er hatte es ein paar Mal bei seinem polnischen Namen gerufen und es hatte nicht versucht, ihn zu beißen. Auch der Hund war wieder ein stummer Hund geworden. Der Deutschlehrer hatte anfangs gezögert, das Frettchen mitzunehmen. Wenn er es ihm ließe, hätte er die Möglichkeit, an ländlichen Wochenmärkten, an den Ständen der Bauern und Landmetzger die von ihm gewilderten Kaninchen am fehlenden Auge zu erkennen und könnte seinem Herrchen Scherereien bereiten. Dann aber hatte er sich erinnert, wie sehr der Pole an dem Tier hing, ja sich geradezu mit dem Hasenschröpfer identifiziert hatte, ganz zu schweigen davon, dass der lange nicht mehr mit Frettchen wildern würde, bevor er ein neues aufgezogen hatte. So war er entschlossen, ihm seinen besten Komplizen zu rauben. Er hatte keinesfalls vor, es zu töten oder freizulassen, was jetzt im Winter aufs Gleiche hinausliefe. Er würde es schon an den Mann bringen, wenn nötig in einem anderen Departement, wo das Jagen mit Frettchen erlaubt war. Auf die geringsten Geräusche und aufs Glatteis achtend, ging er zu den Kastanien, dann den Berg hinab. Unter seinen Sohlen klirrte hie und da eine gefrorene Pfütze, aber hinter ihm blieb es ruhig. Plötzlich blieb er stehen und verfluchte sich. Ihm war siedend heiß eingefallen, dass er seinen Polen auf Deutsch beschimpft hatte! Er hatte deutsche Wörter an die Wand gesprüht! Es war, als ob er unterschrieben hätte. Selbst wenn der Pole von seiner Existenz nichts wusste, was er bezweifelte, hätte er ihm schon eine gewaltige Starthilfe geleistet, in welcher Richtung er zu suchen hätte. Aber das Dümmste war, dass die deutsche Aufschrift den Polen sofort beruhigen würde, weil er sich einbilden könnte, dass er nichts zu befürchten hatte, solange nur ein Deutscher oder Deutsche Bescheid wussten. Der Zorn gegen den Dieb seines Lieblings wäre sofort viel stärker als die Beschämung oder Verwirrung, die der Deutschlehrer bei dem Polen durch sein Graffito erzeugen wollte, wenn der morgens seine Fensterläden öffnen oder aus der Tür treten würde. Er musste zurück. Schweren Herzens ging er die Steige wieder hoch, diesmal ohne Umweg, um überwachen zu können, ob etwa Licht angezündet worden war oder ein Schatten ins Haus oder aus dem

Haus gehen würde. Nichts dergleichen ereignete sich. Er schlich furchtsam zurück zur Wand der Kastaniendarre und übersprühte seine ganze Aufschrift in Schwarz. Auf dieses große schwarze Rechteck, das zum Glück schnell trocknete, sprühte er, jetzt auf Französisch und in weißer Farbe:

»*Tout le monde le sait, salaud!*«

Gleich daneben war die Tür, die nichtverschlossene, wo er sein Wild abhängte, wie ihm Apolonia gesagt hatte. Er hätte gern einen Fasan mitgenommen, nicht um ihn zu essen, auch nicht um ihn seinem Abbé, dem Feinschmecker, zu schenken, der darüber erfreut gewesen wäre, sondern er hätte ihn gern den Geiern zum Fraß vorgeworfen. Aber es war vielleicht klüger, schnell zu verschwinden. Die Tür könnte knarren und alles vereiteln. So ging er lieber flink den Abhang hinunter. Den Frettchenkäfig, den er einstweilen im Graben gelassen hatte, nahm er wieder mit. Er musste lachen, als er daran dachte, wie er der Polizei oder einer nächtlichen Zollkontrolle erklären würde, warum er mitten in der Nacht ein stinkendes Frettchen in seinem Wagen spazieren fuhr.

XX Wespen

Oder: Bücher zu verbrennen kann sich unter Umständen rechtfertigen

Zu Hause lag ein Brief von Apolonia im Kasten. Alles, was er feststellen konnte, war, dass er aus Toulouse kam. Sie schrieb:

»Inzwischen haben Sie manches erfahren und erraten. Den Rest müssen wir für uns behalten und zu überwinden versuchen. Sie haben einmal gesagt, ich sei wie das Alpenveilchen: bei mir kämen nur die gewünschten Nascher zum Nektar. Jetzt haben Sie wohl begriffen, dass Sie sich da schön geirrt haben. In *Zukunft* wird es vielleicht so sein. Nur dass der, dessen Nascherei mir am meisten behagt hätte, nicht mehr naschen wird. Bitte denken Sie nicht, dass ich Sie benutzt habe, ich habe Sie dringend gebraucht. Wenn Sie mir nicht geholfen hätten, hätte ich *ihn* umgebracht oder mich selbst. Zum Glück hatte ich meine jüngere Schwester. Sie dankt Ihnen auch. Ihr haben Sie nämlich auch geholfen. Sie ist nicht mehr dorthin zurückgekehrt, sie lebt mit mir. Sie hat Sie an jenem Abend erkannt, Sie sind nur ein paar Schritte weit von ihrem Versteck vorbeigerannt. Sie waren wirklich gut an diesem Abend. Nachträglich hatte ich eine schöne Angst um Sie, alle meine Warnungen haben Sie in den Wind geschlagen. Sie Dickkopf! Sie haben überhaupt keine Ahnung, wie gefährlich dieser Mensch ist. Vor allem jetzt, da er nichts mehr zu verlieren hat. Bitte versprechen Sie mir, nicht mehr hochzufahren. Und auch, mich nicht zu suchen. Ich melde mich, sobald ich Du zu Ihnen sagen kann.

Apolonia«

Der letzte Satz überraschte ihn nicht. Er hatte schon lange begriffen, dass sie jedwede Ähnlichkeit vermeiden wollte zwischen ihrem Vater und ihm. Wenn ihr die kleinste davon auffiel, konnte sie ihren Hass sofort auf ihn übertragen. Deshalb auch das Siezen und viele Details, die ihn vormals befremdeten.

Mit dem stinkenden Frettchen im Wagen fuhr er mehrmals nach La Roque Saint-Cucufa, bis er endlich durch die hohen Fenster des Cafés den Mann mit den blaugrauen Augen entdeckte, der ihm ein paar Monate vorher die Drohung der Jäger überbracht hatte. Gleich vom nächsten Dorf aus, Le Monna, Bonalds Geburts- und Sterbeort, telefonierte er mit dem Café, und verlangte den Herrn mit den grauen Augen und dem weißen Hemd, der hinter der Theke lehne. Dem sagte er, dass er nur etwas auszurichten habe: Vor dem Café stehe ein kleiner Behälter, über den er verfügen könne. Dann hängte er auf. Im Innern des Holzkastens war das Tierchen mit den roten Augen und dem hellen Fell, außerdem ein Glöckchen mit Klöppel und ein Zettel mit einem polnischen Wort inklusive Aussprache und Bedeutung. Er hatte keine Lust gehabt, nachzuprüfen, ob das Frettchen eine Fähe oder ein Rüde war. Für ihn stand fest, dass es sich um ein männliches Tier handelte, sonst hätte sich der Wilderer nämlich einen Partner für seinen Liebling halten müssen, denn wie Labruyerre im Zuchthaus Bicêtre so zartfühlend schreibt, müsse in der Ranzzeit die Fähe unbedingt begattet werden, sonst könne ›die Liebe‹ den Tod herbeiführen …[72]

Er las nach, was Sade über den Missbrauch von Kindern und über Inzest in seinem von Apolonia so gehassten Werk schreibt, das nebenbei gesagt, im Original den Untertitel ›*Les instituteurs immoraux*‹, ›Die unmoralischen Lehrer‹ trägt und beschloss, *seinen* Band auch zu verbrennen. An einem schönen Frühlingstag fachte er da, wo die Dourbie einen weiten Bogen macht[73] und einen breiten Kiesstrand angehäuft hat, aus dürren angeschwemmten Ästen ein Feuer an und übergab Sade den Flammen. Damit der Marquis nicht ganz allein war, und auch als Zeichen des vorläufigen Abschlusses seiner Studien über den Vicomte de Bonald, durfte eine antiquarisch erstandene, teuer bezahlte Schrift des Erzpapisten, wo vor allem von der Überlegenheit Frankreichs in Europa die Rede ist, das Bändchen des Erzatheisten begleiten. Bei einem letzten Durchblättern Sades war er auf die Stelle gestoßen, wo der Marquis über den Mord sagt: ›*Le meurtre est une horreur souvent nécessaire, jamais criminelle.*‹[74] So waren die beiden, die als spärliche Gemeinsamkeiten einen Adelstitel und vor allem den Hass gegen oder von Seiten der Revolutionäre besaßen, im Rauch ihrer Geschriebsel vereinigt, einem schneeweißen, gewöhnlich die beendete Papstwahl ankündigenden Qualm, keinem grauen, der bei der Wahl Benedikts XIV. Zweifel aufkommen ließ und schließlich zum Kauf eines neuen Ofens in der Sixtinischen Kapelle geführt hat. Als die Asche von Sades und Bonalds Autodafé schon kalt war, glühte jener Satz noch in ihm nach. Und ihm fiel ein, was Apolonia über die Konsequenzen von Bienen- und Wespenstichen bei ihrem Alten gesagt hatte. Das war ein teuflischer Gedanke. Er schirkte Hunderte von flachen Steinen über die angestaute Wasserfläche, bis er todmüde war, aber der Gedanke hatte sich festgesaugt wie ein Blutegel, der sich nicht einfach abschütteln ließ.

Machen mörderische Gedanken schon einen Mörder aus uns? Dann war der Deutschlehrer auch einer, schon seit der Geschichte mit dem Sekretär des Bürgermeisters. Der wahre Teufelspaktierer, der Freischütz, Unhold, Hexer, Luftfahrer, ja womöglich Nestelknüpfer, Tierschinder und Kinderschänder, dessen ungesunde Aura er im Umgang mit Apolonia gespürt hatte, das war jener Vater. Luther, davon war er überzeugt, hätte sofort ›*Occidantur*‹[75] gebrüllt. Und der Abbé? Sollte er mit ihm sprechen, bevor er dem Scheusal zu einem, was heißt *einem*? zu *einigen* Wespenstichen verhalf? Bei Allergikern können Bienen- oder Wespenstiche zu einem anaphylaktischen oder kardiogenen Schock führen, das heißt zum Tode. Den Abbé wollte er vorläufig aus dem Spiel lassen, aber er war bereit, ihm später alles zu beichten.

XXI Fledermäuse

Oder: Wer anderen eine Grube gräbt …

Als die ersten Bienen, Wespen und Hornissen daher summten, kaufte er eine Flasche honigsüßen Lacrima Christi, schüttete mehr als die Hälfte davon in die Spüle – er war wirklich untrinkbar –, den Rest ließ er offen auf der Terrasse stehen.

Es wimmelte von surrenden Hummeln, Honigbienen und Grabwespen in der Flasche, als er sie verkorkte. Er nahm etwas Werkzeug mit, um die Hecktür des Lieferwagens aufzubrechen, wenn sie verschlossen war, oder die Beifahrertür, sofern kein Fensterschlitz offenstand. Dahinein wollte er den Inhalt seiner Flasche freilassen. Als er mit seinem tragbaren Arsenal den nun vertrauten Pfad hochging, fragte er sich, ob sich der Kerl nicht auch an den Kindern der Ferienkolonie vergangen hatte, deren Hausmeister er war. Auf der Landkarte hatte er entdeckt, dass Apolonias Haus zufällig zwischen zwei Pässen lag, einem im Nordwesten, im Aveyron, einem im Süden, im Gard, die noch heute beide die Bezeichnung ›*Col de l'homme mort*‹, ›Pass des toten Mannes‹ führen. Vielleicht würde sein Feind am nächsten Morgen in aller Frühe eine dieser Straßen hochfahren und so endlich dem Namen wenigstens eines dieser Pässe zu einer plausiblen Erklärung verhelfen! In seinen mörderischen Träumereien hatte er nicht einmal bemerkt, dass er vor dem Haus angekommen war. Kein Wagen war da, kein Lichtschein drang heraus, alles war verriegelt. Seine Aufschrift war sauber übertüncht worden. Die gusseiserne Tür des Ofens war noch etwas warm. Was hatte der Unmensch wohl verbrannt?

Er schüttete den Inhalt der Flasche in das Loch zwischen Fensterladen und Rahmen und auch ein paar Exemplare unter die Haustür. Er hätte gern in einem der Schuppen Arbeits- oder

Jagdkleidung des Polen gefunden. In diesen hätte er einige von dessen Todfeinden hinterlassen, mit Tropfen des klebrigen italienischen Weins, der vielleicht noch etliche Artgenossen angezogen hätte. So drückte er ganz sachte auf die Tür der Kastaniendarre. Im Licht seiner Taschenlampe sah er große Flecken getrockneten Blutes auf dem Boden, das wahrscheinlich von dem da aufgehängten Wild kam.

Mit einem energischen Fußtritt stieß er die Tür ganz auf, um den Raum überschauen zu können. Im gleichen Augenblick brach mit einem Heidenlärm die Decke, das bedeutet der ganze Fußboden des darüber liegenden Stockwerks, ein. Ein Riesenbalken stürzte ein paar Zentimeter von seinem Kopf gegen die Tür und riss die Hälfte der Türverkleidung mit sich. Dann brachen ächzend andere Eichenbalken ein. Die Staubwolken, die aus allen Öffnungen ins Freie drangen, waren so dickqualmig, dass er zunächst glaubte, das Gebäude stehe in Flammen. Von allen Seiten flatterten Fledermäuse auf ihn zu und streiften ihn auf der Suche nach frischer Luft. Zum Glück hatte er keinen Schritt weiter ins Innere getan! Aber auf keinen Fall wollte er nach Indizien suchen, ob der Einsturz eine geplante Falle oder nur ein Zufall war. Er lief schnell weg, denn der Wilderer hätte das Getöse des Einsturzes hören können, wenn er in der Nähe war.

Mit zittrigen Fingern war er schon einige Kilometer gefahren, als ihm bewusst wurde, dass er über und über mit pulvrigem Staub, mit Holzfasern und der Jahrhunderte alten Asche der Kastaniendarre bedeckt war. Er hielt in der Nähe eines Baches. Mühsam schlug er sich bis zum eiskalten Wasser durch, wo er sich Haare, Gesicht und Hände wusch und wieder einmal mit den Zähnen klapperte. Dann zog er sich ganz aus und klopfte den Staub aus seinen Kleidern. Im Wagen schlief er plötzlich ein.

Die Morgendämmerung weckte ihn. Man hätte meinen können, die Natur habe sich auch gewaschen. Alle Konturen waren von erstaunlicher Klarheit. Nichts Graues, wie der Staub des Vorabends, war in der Natur, nur Kontraste von wunderbaren Farben. Er hatte den Eindruck, im Innern einer chinesischen Tuschemalerei zu sitzen: Kiefern an Felskanten, zerklüftete Felszacken, Höhlen, Brückenbögen, Wasserfälle, knorrige Bäume, bestellte Terrassengärten, aufsteigende Dunstschweife, ja sogar ein Bambushain. Beim Anblick dieser Schönheit schämte er sich ein wenig der bösen Gedanken, die ihn in den letzten Tagen bewohnt hatten. Aber die Gewissensbisse verflogen schnell, wenn er an Apolonia und Casimira dachte.

Kurz bevor er auf dem Hochplateau des Larzac ankam, schaute er noch einmal zurück auf die Lingaskette und den Zuckerhut von Esparron, die sich gerade aus ihrem Schleier befreiten und violett gegen den hell werdenden Himmel abstachen.

Anstelle eines Morgengebets rezitierte er sein chinesisches Gedicht. Das war eine sehr wohltuende Hirnwäsche nach der Körperwäsche. Bei dem Wort ›Hirnwäsche‹ fiel ihm das chinesische Zeichen für ›Weisheit‹ ein, dessen drei Elemente eine Hand 彐 mit zwei Besen 丰丰 oder Bürsten über einem Herz 心 zeigen. Da 心 auch so viel wie englisch *mind* bedeutet, liegt die Weisheit eben darin, dass man sich von Zeit zu Zeit das Hirn/Herz sauber (= leer) bürstet. Er fand es wunderbar, dass in dieser Sprache Herz und Hirn das gleiche Zeichen/Wort miteinander teilen können; im Deutschen haben sie nur das ›H‹ gemein. Aber diese Weisheit hatte er noch nicht erreicht.

慧

Dann fiel ein leichter schräger Regen, der ihn bis in die Stadt einhüllte.

XXII Haartalgmilben

Oder: Soll der auf den Hund gekommene Mensch einen Tierarzt aufsuchen?

Jedes Mal, wenn er an dem Café von La Roque vorbeifuhr, dachte er an das Frettchen und fragte sich, was wohl aus dem geworden war. Und dann ohne Übergang an den Vater Apolonias und was wohl aus *ihm* geworden war. Höchstwahrscheinlich war sein Mordplan an ihm gescheitert. Sein Wagen stand vor dem Haus. In dem nachts allerdings kein Licht mehr brannte.

Frettchen sind für viele Krankheiten anfällig. Könnte man nicht über einen Tierarzt etwas über den Wilderer erfahren? Auch wenn er jetzt vielleicht keinen zierlichen Hasenwürger mehr besitzt, hat er früher oder später seinen Jagdkomplizen gegen die Staupe impfen oder eine Krätze im Gehörgang behandeln lassen und vielleicht irgendwelche Einzelheiten und eine andere Adresse angegeben.

Allerdings gibt es in den drei Departements, die sich dort fast berühren, über zweihundert Tierärzte! Er musste mit den nächstwohnenden anfangen. Davon sind zum Glück nicht alle Spezialisten für Frettchen, oder sie sind es vielleicht für Hausfrettchen, die in Europa mittlerweile das dritte Haustier geworden sind. *Jagd*frettchen bringt man auch nicht dem erstbesten Tierarzt, sondern einem, dem der Umgang mit wildernden Tieren und Menschen nichts ausmacht, in anderen Worten: der ein Tier behandelt, obwohl er weiß, dass dieses als Jagdgehilfe in seinem Departement verboten ist oder für dessen Einsatz eine individuelle präfektorale Genehmigung erforderlich ist.

Aus diesem Grund erfuhr er auch nicht das Geringste von den Jägern, die sich allabendlich im Café von La Roque vollsaufen.

Naiv hatte er geglaubt, er könne denen, die da an der Theke immer wieder ein hartes Ei aus einem Körbchen nahmen und die Schalen davon ins Sägemehl auf den Fliesen spuckten, ein paar Würmer aus der Nase ziehen. Aus der zahnlosen Öffnung zwischen den dottergelben Bartstoppeln war jedoch nichts herauszubringen. Eine Zunge war zwar da, aber um diese Stunde nach dem meterweise[76] genossenen Anisschnaps nicht mehr brauchbar. Aber er begriff, wie groß die Solidarität unter Jägern bzw. Wilderern ist, – auch wenn sie quasi legal von Zeit zu Zeit einen von sich abknallen –, unermesslich grösser als zum Beispiel die seiner Kollegen, die sich in ihren Gewerkschaften zwar nicht abknallen, aber gegenseitig totreden, totargumentieren aber ohne dass je eine Spur von Einheit dabei resultiert, ganz zu schweigen von irgendeinem positiven Ergebnis. Er war sich selbst böse, seinen Fuß noch einmal in dieses Lokal gesetzt zu haben, mit diesen Wildsaupirschern, deren Lebern und Mägen totsicher von den Trichinen der schlecht gekochten Schwarzkittel durchlöchert waren.

Für die Tierärzte musste er ein überzeugendes Argument finden, damit die Sekretärinnen seine Anfrage überhaupt weitergaben. »Man habe ihm da ein Frettchen geschenkt, er könne das arme Tier aber nicht behalten; ob man ihm nicht unter den Klienten einen Frettchenhalter nennen könnte, der sich des armen Tiers annehmen könnte …« Der erste kümmerte sich nur um Pferde, der zweite nur um Hunde und Katzen. Er solle aufpassen, sagte einer, dass ihn das Frettchen nicht beiße, es gäbe Fälle von Tollwut. Beim dritten klang es schon besser: Er solle mit dem Frettchen vorbeikommen. Also musste er einen Grund erfinden, weshalb er das Frettchen nicht mitbrachte.

Der Tierarzt war recht gesprächig. Ohne Näheres wissen zu wollen, begann er mehrere der ihm bekannten Frettchenbesitzer zu beschreiben, die das Tier interessieren könnte. Einer sei mehr oder weniger offiziell von der Eisenbahnverwaltung beauftragt, die in Bahndämmen gefährliche Gänge grabenden Karnickel zu vertreiben. Ein anderer habe einen verfilzten Haarstrang, einen fürchterlichen Mundgeruch und eine starke Ausdünstung wie sein Frettchen, das gut dressiert schien und dem das Beißen abgewöhnt worden war. Aber das sei schon mehrere Monate her. Und eine Adresse oder sonstige Angaben habe er nicht. Da wollte der Deutschlehrer aufstehen und sich bedanken … »Der Mann ist aber seither noch einmal gekommen mit seinem Hund.« Jetzt setzte er sich wieder hin und wurde ganz Ohr. »Ich habe mir das alles gemerkt, weil der in vierzig Berufsjahren der einzige Tierhalter war, der sagte, *er* habe Angst, sein Vieh, hier seinen Hund anzustecken. Gewöhnlich ist das *Gegenteil* der Fall. In der Tat hatte der Mann starke gerötete und geschwollene Entzündungen an den Haarwurzeln und den Augenbrauen. Wie sein Hund, der sich die Ohren blutig gekratzt hatte. Haartalgmilben.[77] Als ich aber den Hund genauer ansah, bemerkte ich oberflächlich vernarbte Striemen auf seinen Flanken und seinem Rücken und eine nicht verheilte Wunde am Hals. Die konnten nicht von einem Schmarotzer stammen. Was will der eigentlich von mir? fragte ich mich. Kann oder will er nicht zu einem Arzt gehen oder will er aus irgendeinem Grund nicht sagen, was seinem Hund passiert ist? Der wird mir sicher als Honorar ein halbes Lamm aus dem Kofferraum holen, dachte ich. Da habe ich mich geirrt, es waren zwei Rehkeulen. Die habe ich aber nicht genommen, weil sie nicht tiefgefroren waren. Wer weiß, wie alt die sind und ob der überhaupt einen Kühlschrank hat. Der ganze Kerl war nicht sehr appetitlich, noch sein Hund. Der schläft im Stall seines Frettchens oder in der Hundehütte, habe ich mir gedacht. Ich habe ihn dann doch gefragt, woher die Narben des Hundes kommen. Der Nachbar habe ihn halbtot geprügelt, hat er geantwortet, und die Wunde am Hals habe ein Rehbock verursacht. Beides ist nicht auszuschließen. Blitzangriffe von Rehböcken kommen vor, sind aber selten.«

Im Umkreis von 800 Metern hat der Mann keine Nachbarn, dachte der Deutschlehrer und ich glaube kaum, dass jemand wagen würde, den Hund dieses gefährlichen Menschen zu berühren, außer einem Verrückten wie ich einer bin.

Ob er sich erinnere, wann das war, wollte er wissen. »Im Herbst, meinte der Arzt. Ich höre an Ihrem Akzent, dass sie aus Deutschland kommen, ich glaube sogar einen schwäbischen Tonfall zu hören. Ich habe nämlich im Zoo von Stuttgart-Bad Cannstatt gearbeitet, in der Wilhelma.« »Wieder mal ein Zufall, wenn es das überhaupt gibt: ich bin in Cannstatt geboren und mein Großvater, Steinmetz, hat einen Steinbruch über dem Zoo an die Stadt oder an den Zoo selbst verkauft. Ich habe ihn nicht gekannt: er ist am *ersten* Tag des Ersten Weltkriegs gefallen.«

»Ich musste ihm auch sagen«, fuhr der Tierarzt fort, »dass sein Hund nicht mehr lange leben werde auf Grund innerer Verletzungen. Ob ich ihn spritzen soll, habe ich ihn gefragt, um ihm Schmerzen zu ersparen, und dass wir auch die Möglichkeit haben, den Kadaver zu entsorgen. Das wollte er nicht. Hinter seinem Haus habe er einen richtigen Friedhof, murmelte er beim Weggehen.«

XXIII Schlangenliniengrasbüscheleule

Oder, wenn es nicht lang genug ist: Schlangenliniengrasbüscheleulenraupe[78]

»Sie müssen mir versprechen, für sich zu behalten, was Sie jetzt erfahren und vor allem, dass Sie nicht darauf reagieren, das heißt wie üblich, spontan und unüberlegt. In anderen Worten: Sie müssen die Suche nach dem Vater Apolonias einstellen und sie den Behörden überlassen.« Die Bibliothekarin war inzwischen noch hübscher geworden und etwas autoritärer. Er stellte sie sich in Uniform vor und er würde gern vor ihr stramm stehen, obwohl er den Umgang mit Uniformen immer vermieden hatte. Kaum hatte er sich auf seinen Stuhl in der Bibliothek gesetzt, waren diese zwei Sätze aus ihr herausgesprudelt. »Zu Befehl!« lachte er. »Darf ich fragen, um welche Behörden es sich handelt.« »Unsere Frauengruppe hat Kontakt aufgenommen mit der dem Domizil des Polen nächstgelegenen Gendarmerie. Die Informationen wurden einer jungen Beamtin anvertraut, die bereits Nachforschungen angestellt hat, die sehr fruchtbar sind. Sie werden sich wundern, was wir schon alles herausrausgefunden haben.« »Wir?« »Ja, ich habe sie einmal begleitet, sie hat mich als ›Sozialarbeiterin‹ – das war mein früherer Beruf – mitgenommen. Ich glaube, es war vorteilhaft, dass bei dem Gespräch, das wir mit einer Person führten, die den Vater Apolonias gut gekannt hat, eine von uns beiden nicht uniformiert war.«

Wahrscheinlich um ihr Erröten zu verbergen, bat sie ihn dann, in ihr Büro zu kommen und überließ die Saalaufsicht einer Kollegin. Ihre beige Bluse mit braunen Punkten, genau wie man sie auf der Raupe des im Titel zitierten Nachtfalters (das wäre dann eben die Schlangenliniengrasbüscheleulenraupe) findet, spannte ein wenig an Busen und Bauch und er vermutete mit Bedauern, dass sie ein Kind erwartete von ihrem Bankheini. Als ob sie seine Gedanken erraten hätte, sagte sie leise: »Ich habe mich von meinem Freund, den Sie nicht mochten, getrennt und eine andere Person, der Sie auch nicht hold waren, ist auch nicht mehr da, die Chefbibliothekarin. Ich nehme an, Sie wollen so viel wie möglich erfahren über das Milieu, in dem Apolonia gelebt hat. Die Gendarmin brauchte gar nicht weit zu gehen, um viele Dinge herauszubekommen. Einer ihrer ehemaligen Kollegen war nämlich der beste Freund von Apolonias Vater. Was die in der Gendarmerie nicht wussten, hat uns seine Witwe gesagt.« »Der Gendarm lebt also nicht mehr …« warf der Deutschlehrer ein. »Richtig, und die Umstände seines Todes interessieren uns auch, aber davon später. Als der Pole in die Gegend kam und als Hausmeister in dem Ferienheim in seinem Wohnort arbeiten wollte, hat dessen Leitung die Gendarmerie gebeten, nachzuforschen, ob etwas gegen ihn vorliege. Und zwar deshalb, weil in diesem Heim vor allem während der Schulferien Kinder und Jugendliche beherbergt werden, besser ›wurden‹ (es wurde inzwischen geschlossen). Man hat sie informiert, dass das Geburtsland des Mannes die Ukraine war, dass er mit polnischen Papieren vor Kriegsende als Aufsichtsperson in einem von Deutschen und deutschfreundlichen Polen geleiteten Arbeitslager fungiert habe, wo auch außer deutschen, polnischen und jüdischen Kommunisten auch Deutsche (wie die letzten baltischen Aristokraten) und andere Ausländer wie Franzosen interniert waren. Da habe er auch Französisch gelernt. Seine Absicht war es, sich zu den Bergwerken in Carmaux, Alès oder Décazeville durchzuschlagen, wo viele Exilpolen Arbeit gefunden haben; er ist aber hier hängengeblieben, vielleicht wegen einer Frau, wahrscheinlich der Mutter von Apolonia und ihrer Schwester. Diese Informationen haben die sehr katholischen Leiter des Heims nicht daran gehindert, den Polen einzustellen, auch nachdem sie etwas später erfahren haben, dass er sehr aktiv als Wilderer tätig war und unter der Hand auch allerlei Fleisch an den Mann brachte, dessen Ursprung und Qualität nie in Frage gestellt worden waren. Das wurde dadurch ermöglicht, dass er ein gläubiger Katholik war und sein Freund, als Gendarm, der, wie man jetzt weiß, aktiv mitwilderte, eine Art Schutzwall um ihn errichtet hatte. Meine Freundin, die selbst polnischen Ursprungs ist, hat einen ihr bekannten polnischen Historiker gebeten, zu recherchieren, ob dieser Mann nicht etwa bei dem Pogrom von Kielce[79] beteiligt war, das im Juli 1946 während der Nürnberger Prozesse, das heißt *nach* dem Krieg, *nach* der Befreiung der Lager und der Niederlage der Deutschen von *polnischen* Antikommunisten und Antisemiten ausgelöst worden war und bei dem sich die katholische Hierarchie sehr *passiv* verhalten haben soll.

Seine Witwe hat uns dann Dinge erzählt, die, wenn sie den Nachprüfungen der sehr gewissenhaften Gendarmin standhalten, Enthüllungen mit sich bringen, die noch weiter gehen als der Missbrauch oder versuchte Missbrauch seiner Töchter von Seiten des Polen. Der kalte Schweiß wird Ihnen ausbrechen, wenn Sie das hören, das kann ich Ihnen garantieren.« Bei dem Ausdruck ›kalter Schweiß‹ fielen dem Deutschlehrer seine Ferien bei Verwandten zwischen der Teck und dem Neuffen ein, wo er oft in den Keller geschickt worden war, um dort in ungelöschtem Kalk eingelegte Eier zu holen. Er hasste die feuchte Dunkelheit des Gewölbes und die schwabbeligen kalten Klumpen in den irdenen Gefäßen, in die er die Arme bis zum Ellenbogen tauchen musste. Vor Angst und Ekel war ihm da immer der kalte Schweiß auf der Stirn gestanden.

»Immer wieder in ein Schluchzen ausbrechend, hat uns die Witwe berichtet, dass der Gendarm immer abhängiger wurde von dem Hausmeister des Heims, und gezwungen war, ihn und gleichzeitig sich selbst gegen irgendwelche Eingriffe der Forstbehörden zu schützen. Sie beschuldigte auch sich selbst, dass ihr eigener Gesundheitszustand ihren Mann beeinflusst habe: ›Nach einem Problem, das durch die schwere Arbeit, die er mich machen ließ, im Garten und anderswo, hervorgerufen wurde, hat er mich nie mehr als Frau behandelt, nur als seine Dienstmagd. Er verbrachte oft mehrere Nächte da oben im Haus des Polen. Und der war gar nicht unglücklich, als seine Frau zu ihrer Familie zurückgekehrt ist. Soll ich Ihnen sagen, an was die gestorben ist? Am Kummer, den sie hatte. Kummer über das Leben, das ihr Mann führte und Kummer darüber, dass sie ihre Töchter nicht mehr sehen konnte, die völlig in der Hand dieses tollwütigen Polen waren. Der verstand sich gut mit den jungen Leuten des Heims, die er oft eingeladen hat zum Wildessen, mit meinem Mann, ich will lieber gar nicht wissen, was da alles vorgefallen ist. Mein Mann warf mir immer häufiger vor, dass ich keine Kinder bekommen konnte. Die Nähe der jungen Leute würde ihm gut tun, gab er vor. Ich weiß nur, dass er nach einer gewissen Zeit richtig depressiv geworden ist und einen Krankheitsurlaub nehmen musste, den er da oben verbracht hat und eines Tages ist der Pole gekommen und hat gesagt, er habe sich mit seiner Dienstwaffe erschossen, ich solle die Gendarmerie benachrichtigen und das Begräbnis organisieren. Und zur Beerdigung ist er nicht einmal gekommen. Das Seltsamste ist, dass viele von den jungen Leuten den Polen mochten und meinen Mann wohl auch; einige sind sogar außerhalb der Ferien zurückgekommen, getrampt sind die, von Paris, stellen Sie sich vor; nicht verwunderlich, da waren viele Ausreißer darunter und sonstige Galgenvögel und die beiden haben denen richtige Kurse gegeben, wie man Fallen stellt und wie Drosseln und Finken auf den Leim gehen, welche Pflanzen im Wald essbar sind und dass ein Igel- oder Eichhörnchenbraten eine Delikatesse ist. Das waren alles schwer erziehbare Kinder aus den Vororten von Paris, denen die Natur völlig unbekannt war, für die war ein gewildertes, dann im Kamin gegrilltes Wildbret ein richtiges Abenteuer, wahrscheinlich haben sie die Kinder auch zum Trinken verleitet. Auf jeden Fall weiß ich, dass da manche so betrunken waren, wenn sie die halbe Nacht um ein Lagerfeuer saßen, dass sie nicht ins Heim zurückkonnten und mein Mann … der hat von dem allem profitiert. Aber ich hatte das Gefühl, dass ihm sein Gewissen keine Ruhe ließ. Seine Kollegen waren sicher, dass er selbst Hand an sich gelegt hat. Wer weiß? Ich sage Ihnen das alles, aber mit der Bitte, dass Sie mich mit Einzelheiten verschonen. Ich will nicht wissen, was Sie da rauskriegen, ich bin schon unglücklich genug.‹«

Was der Deutschlehrer da gehört hat, beschäftigte ihn die ganze Nacht und raubte ihm den Schlaf.

XXIV Mauerläufer

Oder: Ein schöner Rücken kann auch entzücken

Die Haushälterin des Abbé wollte ihm sofort einen blutroten Wacholderschnaps aufdrängen, den sie für ihn gebraut hatte, »eigentlich nur zum Einreiben«, meinte sie, »aber man kann ihn auch trinken. Oder umgekehrt.« »Nein, danke«, sagte der Deutschlehrer, »ich warte bis er kommt, dann trinken wir zusammen.«

Bei Anbruch der Dunkelheit hörte er eine Tür knarren und den Schrei von Marie des Neiges: »Lassen Sie Ihre verdreckten Schuhe vor der Tür, wenn ich viel putzen muss, kann ich nicht kochen. Also wählen Sie!« »Diese Wahl fällt mir nicht schwer, was essen wir heute Abend?« lachte der Abbé. »Du hast meinen Krambambuli nicht gekostet! Ist er dir nicht rot genug?« Der Deutschlehrer hatte weder ihn noch sonst einen Geistlichen in einem olivgrünen Kampfanzug gesehen. Es fehlte eigentlich nur das Gewehr. Zu seinem erstaunten Besucher sagte der Abbé: »Ich wusste, dass du da bist, ich hab dich nämlich kommen sehen.« »Hatten Sie ein Fernglas dabei?« »In der Tat, aber das brauchte ich gar nicht. Von da aus, wo ich war, übersehe ich alles. In Luftlinie mindestens fünf Kilometer.« »Hat man Ihnen eigentlich nicht gesagt, dass der Krieg schon eine Zeitlang zu Ende ist?« »Gar nicht so sicher, mein Freund, da oben streift einer durchs Unterholz und der sieht dem Feind verteufelt ähnlich. Hund hat er keinen mehr, scheint es, aber einen Käfig trägt er mit sich rum. Mein Baum war ziemlich hoch, *ihn* habe ich erkannt und den Käfig auch, aber nicht was drin war.« »Ein Frettchen natürlich!« »Es war kein *Frettchen*kasten, sondern ein *Vogel*bauer, aber den Vogel konnte ich nicht ausmachen. Ziemlich groß, ich glaube, ein Raubvogel, oder zwei junge Raubvögel.« »Das könnte bedeuten, dass der eine neue Einnahmequelle gefunden hat: er plündert die Nester der Falken oder Adler und verkauft die Jungtiere an die modernen Falkner, die mit ihren Raubvögeln eine Schau aufziehen, es gibt immer mehr davon. Das würde mich gar nicht wundern.« Der Deutschlehrer erinnerte sich, dass die Idee der unbedingten Freiheit in dem Tier steckt, mit dem sich Apolonia identifizierte. Sie führte hier den Mäusebussard an, auf Französisch *la buse*. Auf den Einwand, dass dieser Vogel vom Volk sogar in einem Sprichwort als dumm bezeichnet werde, antwortete sie, er gelte als dumm, weil er sich nicht wie Falken, Habichte oder Adler dressieren lasse. So bekomme er wenigstens nicht den Kropf- und Darminhalt des verzweifelten Reihers auf sein Gefieder. Damit sei er freier als andere Raubvögel. »Ich weiß genau, wo die Nester sind und kann mich davon überzeugen, ob die Jungtiere noch da sind oder schon flügge.« »Darf ich da mitkommen?« »Auf meinen Aussichtspunkt können ganz unmöglich zwei Schwergewichtige hochklettern.« »Sind das Bäume? Warum klettern Sie auf Bäume?« »Mein Junge, seit Jahren beobachte ich die Vögel, wie du auch, von unten oder auf ihrer Höhe oder unter mir am Boden pickend. Und vor kurzem habe ich eigentlich durch Zufall entdeckt, dass es viele Vögel gibt, die von *oben* gesehen, im Flug meine ich, noch viel schöner sind.[80] Wenn du dich davon überzeugen willst, kletterst du eben auf den Baum neben meinem und du wirst staunen. Mauerläufer am Felsen zum Beispiel oder der Waldlaubsänger oder auch die Waldschnepfe, um nur die zu nennen, die man bei *uns* beobachten kann. Man hat gerade den Eindruck, dass sich der liebe Gott den schönsten Blick auf sie, das heißt *von oben* für sich reserviert hat. Und für uns, weil er uns mag.« »Sie sagen ›durch Zufall‹, das bedeutet, dass Sie aus einem anderen Grund auf Bäume klettern, wäre das etwa, um ›den Feind zu beobachten‹? Ist das nicht ein bisschen gefährlich?« »Ach ja, ich kann schon mal runterfallen, aber unten sind immer ein Haufen Blätter und Moos.« »Sie wissen genau, was ich meine!« »Warum sollte ich eine Gefahr für ihn darstellen oder er für mich? Wenn er aus irgendeinem Motiv mir etwas antun sollte, kann er ja nicht mehr seine Sünden bei mir beichten.« »Glauben Sie, dass der liebe Gott auch ihn mag?« »Er liebt auch die verirrten Schäflein. Aber das *-lein* können wir wohl weglassen.« »Es kommt vielleicht darauf an, wie weit die Verirrung gehen darf. Nach dem, was ich da kürzlich erfahren habe, kann ich mir nicht vorstellen, das ein Gott diesen Menschen lieben kann; vielleicht im Augenblick seines Todes oder wenn er ihn um Verzeihung gebeten hat. Aber so weit sind wir noch nicht … und er wohl auch nicht.«

»Ich will Dir jetzt etwas sagen«, fing der Abbé nach drei Gläsern Marcillac an, elegant vom Thema abschweifend, sobald seine Haushälterin auf- oder abservierte: »kannst du einen Text in Latein entziffern?« »Im Gymnasium war ich gut in diesem Fach, obwohl der Lehrer, ›Schmidle‹ geheißen, eine sympathische Null war; er schlief regelmäßig nach einer halben Stunde auf seinem Pult ein, weil er vorgeblich die ganze Nacht an seiner Doktorarbeit gefeilt habe.« »Hinter der zweiten Schublade«, sagte er auf einen Schreibtisch deutend, »findest du ein Heft, in dem ich auf lateinisch die Beichte eines armen Sünders notiert habe. Wenn mir je irgendwas passiert, egal was, kann mir niemand, auch der liebe Gott nicht, vorwerfen, das Beichtgeheimnis verletzt zu haben. Du hast das eben in meinem Nachlass gefunden und das kannst du ›dem, was du kürzlich erfahren hast‹ hinzufügen. Und wenn *dir* oder sonst jemandem etwas von seiner Hand zustößt, werde ich mich arrangieren, dass das Geschriebene den Behörden zukommt; man kann es mir ja gestohlen haben, zum Beispiel. Wir können es so machen wie die paar gläubigen Moslems, die ich gekannt habe. ›Allah sieht sehr schlecht bei Anbruch der Dunkelheit‹, behaupteten die ›er kann nicht mehr genau unterscheiden, was wir in unserem Glas haben‹.«

XXV Trichinella

Oder: Tierisches, allzu Tierisches

Der Abbé und der Deutschlehrer waren sich darin einig, dass sie die Recherchen über das vom Polen als Hausmeister geführte Leben den Behörden überlassen mussten aber das konnte unter Umständen lange dauern. Wenn der Feind Wind davon bekommt, dass die Gendarmen eingeschaltet wurden, wird er wahrscheinlich nicht ruhig warten, bis er vorgeladen wird, sondern sich aus dem Staub machen. Um ihrerseits zu den Nachforschungen beizutragen und einen Anklagegrund zu schaffen, der keine lange Prozedur benötigte, fassten sie den Entschluss, dem Mann mit Hilfe seiner Tiere einen Strick zu drehen. Der Besuch beim Tierarzt war schon ein Anfang. Dank der Bemerkung des Tierarztes über den Hund und dank der Beobachtung des Abbé im Wald hatten sie zwei neue Tatbestände: der Pole hebt Nester von Raubvögeln aus und seinen Hund hat *er* zu Tode geprügelt, und nicht der Nachbar. Dem Deutschlehrer kam noch nicht in den Sinn, dass er selbst am Verrat des Hundes und an der darauf folgenden Bestrafung schuldig war, genau wie beim Sekretär des Bürgermeisters in der Provence. Um mehr oder weniger anonym vorgehen zu können, schrieben sich beide bei einem Tierschutzverein als Mitglieder ein. Zur gegebenen Zeit wollten sie dann das Forstamt benachrichtigen und einen Vogelschutzverband und bei der Gendarmerie Strafantrag stellen wegen Tierquälerei. Aber dazu brauchten sie Beweise. Und um solche für die Raubvögel zu bekommen, genügte vielleicht die Versicherung des Abbé, in den Horsten Jungvögel gesehen zu haben, die jetzt noch drin sein müssten. Was den Hund betrifft: Der Tierschinder hatte von einem ›Friedhof‹ gesprochen, hinter seinem Haus, hat er gesagt.

Das Ideale wäre, den Hund auszugraben, ihn dem Tierarzt zu bringen oder je nach seinem Zustand, den Tierarzt zu holen. Er brauchte ihn ja nicht zu sezieren, nur die Wunden anschauen und seine Meinung abgeben. »Wenn der Tierarzt kommt, müssen wir eine List erfinden. Mindestens zwei Gendarmen müssen hier sein, damit wir keine unangenehme Überraschung erleben. Es sei denn, wir sind sicher, dass der Wilderer nicht hier auftaucht. Die List habe ich schon: Zwei Spaziergänger und Amateurornithologen melden den Gendarmen, ein unbewohntes Haus in dem oder jenem Gefilde sei höchstwahrscheinlich aufgebrochen worden, es bestehe die Gefahr, dass das Haus ausgeplündert werde. Wenn die zu schnell kommen, und vor allem, wenn die Gendarmin dabei ist, sagen wir, der Tierarzt sei als Ornithologe mit uns gekommen und den Hund hätten wir in diesem Zustand gefunden und wollten ihm eine würdige Grabstätte schaffen.« »Du liest zu viel Krimis«, lachte der Abbé.

Er bestand darauf, zuvor in seinen Wald auf seinen ›Stammbaum‹ zurückzukehren. Wenn er dort der Gegenwart des Feinds sicher war, konnten sie getrost den Grundbesitz des Hausmeisters betreten. Mindestens zwanzig Kilometer würden sie dann von ihm trennen; ohne Auto konnte er sie nicht überraschen.

Alles lief wie verhofft. Der Abbé, der schon längere Zeit vermutete, dass die neue Bleibe des Polen in seinem Mauerläuferfelsen war, war sich schnell seiner Anwesenheit sicher. Weniger als eine Stunde später war er auf dem ›Friedhof‹. Der Deutschlehrer empfing ihn mit der erstaunlichen Nachricht, dass sie die Tür nicht aufzubrechen brauchten, weil sie es schon war. Der Tierarzt wartete darauf, einen eventuellen Fund zu begutachten. Der ließ nicht lange auf sich warten. Überall wuchsen langstängelige ährige Waldrapunzeln, die auch den Namen Teufelskrallen tragen, der hier angebrachter ist. Nur an einer Stelle hatte sie jemand samt Wurzeln ausgerissen. Die sind zwar essbar, das war aber hier nicht der Grund. *Da* war der Hund oberflächlich eingescharrt worden. Der Tierarzt gefiel sich in der Rolle des Gerichtsmediziners. Die Striemen, nicht mehr rot, sondern grau, waren noch deutlich sichtbar. Auf beiden Flanken fand er jeweils drei Druckstellen pro Striemen, die er sich nicht erklären konnte. »Psi, psi«, zischte er, den Kopf schüttelnd. Ein Prügel hätte eine einzige Spur hinterlassen. Aber die Halswunde wies paarweise Stichstellen auf. Er maß dann den Abstand zwischen den zwei tieferen Stichnarben des Halses und verglich ihn mit dem Abstand zwischen den zwei äußeren Schlagstellen der Flanken. Es war genau derselbe. Welche Waffe oder welches Gerät konnte so verschiedene Spuren hinterlassen? Der Abbé machte Fotos. Er zeigte dem Deutschlehrer auch ein Foto von einem leeren Nest. Plötzlich rief der Tierarzt: »Psi, psi, psi … Ich glaube, ich habe die Erklärung. Zeigen Sie mir den Geräteschuppen! Wenn wir Glück haben, kann ich das Folterwerkzeug ausfindig machen.« Nach ein paar Minuten kam er zurück mit einem etwa anderthalb Meter langen Stock aus Kastanienholz, von dem ein Teil abgesägt worden war. Woher will der wissen, dass das der Prügel ist?, dachte der Abbé. Er verstand sofort, als der Tierarzt den Stock hochhielt. Am anderen Ende war ein Dreizack, wie er ihn bei den *Gardians* der Camargue gesehen hatte. »Zuerst hat er mit der flachen Seite zugeschlagen, dann hat er ihn in den Hals gestochen, man sieht nur zwei Einstichstellen, weil die mittlere Zacke kürzer ist, vielleicht ist sie abgebrochen.« »Jetzt verstehe ich: ›psi‹ ist der griechische Buchstabe, der wie ein Dreizack aussieht. Das ist übrigens auch der französische Name für einen Nachtfalter, der dieses Zeichen auf seinen Flügeln trägt«, warf der Abbé leise ein, auf den Deutschlehrer schielend. Der Tierarzt: »Was hatte der Wilderer mit der Camargue am Hut? Wie kommt so ein gefährliches Ding in seine Hände? Hat er vielleicht dort gearbeitet? Oder hat er es in alten Gerätschaften gefunden? Was diese Gegend betrifft, bin ich nicht auf dem Laufenden, aber früher wurden in Flüssen und Bächen Aale im Schlamm gestochen und zwar mit einem ähnlichen Instrument, Drei- oder Fünfzack.«

»*Ein* Land Europas hat den Dreizack im Wappen, die Ukraine«, sagte der Abbé. »Wo er geboren ist … Ob er nun Pole ist oder Ukrainer ist ja egal, Franzose ist er übrigens auch, hat die Gendarmin gesagt. Das Beste wäre noch der ›Lump‹, das bayrische Wort für Wilderer mit allen Nebennuancen, die *auch* auf ihn passen.«

»Wie kommt es«, fragte der Deutschlehrer seinen Abbé, »dass Sie sich in Stichwaffen auskennen?« »In Waffen kenne ich mich gar nicht aus, nur ein bisschen in Vögeln.« »Ich sehe da keinen Zusammenhang.« »Nicht alle Symbolforscher sind davon überzeugt, dass das Wappen der Ukraine einen Dreizack darstellt, manche denken, es ist ein Vogel, ein Raubvogel, der im Sturzflug auf seine Beute stößt. Dieses Bild ist mir lieber als der Dreizack. In der Tat ist der Dreizack das Attribut mehrerer griechischer Gottheiten, deren Tempelruinen man im Süden der Ukraine findet. Aber er ist auch das des Teufels.«

»In dreißig Jahren Tierarztpraxis habe ich kein einziges Tier gesehen, selbst nicht bei den wilden Großkatzen im Zoo, das so grausam ist, wie es der Mensch sein kann. Sie können den Hund jetzt wieder beerdigen. Da ist noch etwas. Ich muss gestehen, dass meine Diagnose neulich unvollständig war. Die Schwellungen im Augenbereich bei dem Tier und dem Unmenschen führte ich auf Entzündungen von Haartalgmilben zurück. Die waren sicher da.

Aber der Hauptgrund ist der Befall von Trichinellose, bei beiden; man kann zweifellos im Gewebe bei beiden eingekapselte Larven der Würmer finden. In ägyptischen, über dreitausend Jahre alten Mumien sind sie noch vorhanden, ja sogar beim noch älteren Ötzi. Den Hund hätte ich gern gesund gepflegt, aber der Hundehalter soll daran verrecken. Graben Sie den Kadaver viel tiefer ein als er es bisher war und gießen Sie eine große Menge ungelöschten Kalk darüber. Und jetzt darf ich mich verabschieden.«

Der Deutschlehrer begann schon etwas weiter im Boden zu stochern, um eine nicht zu harte Erdkruste aufschaufeln zu müssen. Dann kam der Abbé zu ihm. Nach ein paar Spatenstichen sagte er: »Weißt du, was ich im Haus bemerkt habe?« »Psi, psi, psi?« spöttelte grinsend der Deutschlehrer. »Im Gegenteil, mein Junge, der Gewehrschrank war offen und leer. Es fehlen drei Gewehre.« Aber auch diese Feststellung verlor sofort an Bedeutung, als ein Spaten auf etwas Hartes stieß, das aber nicht wie ein Stein klang. Mit den Händen hob der Abbé ein paar Erdklumpen aus und bohrte seine Hand in die Erde. »Ach du lieber Gott«, rief er, »ein Skelett!« »Normal! ist doch ein Friedhof«, lachte der Jüngere, aber dann wurde ihm plötzlich bewusst, was der Fund bedeutete. »Jetzt müssen wir doch noch die Gendarmen benachrichtigen. Ich fahre nach unten in das Dorf. Von den fehlenden Gewehren würde ich aber nichts sagen, die sollen das selbst herausfinden. Die brauchen nicht zu wissen, dass jemand ins Haus gegangen ist. Haben Sie auch keine Spuren hinterlassen? Kommen Sie mit, ich lasse Sie nicht hier oben allein. Man weiß nie.«

XXVI Basilisk

Oder: Die Avencs sind dicht bewohnt

Jetzt lief das Gehirn der Gendarmin auf Hochtouren. Kein einziger Vorwurf wurde den zwei Hauptakteuren gemacht und das Problem mit dem Hund wurde kaum zur Kenntnis genommen. Der Befund des Tierarztes wurde aber nicht in Frage gestellt. Auch die Sache mit den Gewehren schien niemanden zu beunruhigen. Sie wurde auf die lange Bank geschoben. In der Tat war es dringender, Informationen zu bekommen über die Jugendlichen, die in diesem Heim beherbergt wurden. Und was die Fahndung nach dem Verdächtigen betrifft, hatten Abbé und Deutschlehrer einen Trumpf in der Hand: Sie allein wussten, wo man ihn eventuell finden konnte.

Der Ausgangspunkt für die Nachforschungen der Gendarmin war die ehemalige Sekretärin des Heims. Am Anfang des Gesprächs war *die* total hysterisch und beteuerte ohne Unterlass mit schriller Stimme, sie habe mit dem allem nichts zu tun. Und ihre Stimme schnappte über, und sie beinahe auch, als man ihr sagte, alle Akten die Kinder betreffend seien aus den Schränken verschwunden. Sofort fürchtete sie, man klage sie an, sie habe die Hand im Spiel. Sie beruhigte sich erst, als man ihr wiederholte, es laste kein Verdacht auf ihr. Der Hausmeister habe die Jugendlichen sehr gemocht und die ihn auch, er habe immer alle Probleme geglättet mit den Ausreißern, den Diebstählen untereinander und im Dorf. Kein einziges Mal hatte man in zehn Jahren die Gendarmen rufen müssen. Nur vor ein paar Jahren war sie überrascht, einen der Jungen in Le Vigan zu treffen, zwei Tage nachdem sie ihn hat in den Bus steigen sehen, der eine Gruppe nach Nîmes zum Zug bringen sollte. Ob es Anfragen oder Klagen gegeben habe von Seiten der Eltern. »Die waren fast alle Waisen oder Halbwaisen oder Jugendliche, die mit ihren Eltern nichts mehr zu tun haben wollten, einige waren schon in Jugendhaftanstalten und Väter oder Mütter zum Teil im Gefängnis. Am Anfang hatten wir auch Mädchen, aber nur während zweier Sommer- oder Herbstferien. Da kann ich mich aber auch nicht an Probleme erinnern. Eine war sehr befreundet mit der Tochter des Hausmeisters. Die beiden haben uns tonnenweise Pilze gebracht.« Als sie ganz beruhigt war, war sie in der Lage sich auch an einige Orte erinnern, aus denen schwer erziehbare Jugendliche gekommen waren. Auch einige Namen des ehemaligen Personals fielen ihr ein.

Nach und nach konnten sich die Fahnder ein Bild davon machen, wie der Pole vorging: er schafft eine affektive Anhänglichkeit bei den jungen Menschen für seine Person und den Ort, natürlich nur bei den labilsten Individuen seiner Wahl, dann eine gewisse Abhängigkeit von einem Lebensrhythmus mit sehr wenig Verpflichtungen und viel Abwechslung, dann konfrontiert er sie mit der bevorstehenden drohenden Wiederaufnahme des früheren Daseins, d.h. der wirklich stattfindenden Abreise, suggeriert aber die Möglichkeit des Ausreißens auf halber Strecke und eine definitive Rückkehr in diese Ferienatmosphäre. Und dann hatte er sie völlig in seiner Hand.

Diese Interpretation trug ihm die Bibliothekarin vor und trotz seiner Skepsis gegenüber jeglicher Psychologie fand der Deutschlehrer diese Analyse überzeugend. Was ihn quälte, war es, nicht zu wissen und wahrscheinlich nie zu erfahren, wie Apolonia zu dem allem stand, was sie wusste oder ahnte und inwieweit sie da, gegen ihren Willen oder freiwillig, involviert war. Nach dem Abbé waren die zwei Schwestern unschuldig; der Deutschlehrer konnte ihm nicht ganz zustimmen; er sagte sich: wenn der Vater sich in so kurzer Zeit die Ferienkinder gefügig machen konnte, so konnte er umso mehr die Abhängigkeit seiner Töchter über einen größeren Zeitraum hin in eine totale Unterwerfung verwandeln, die mehr oder weniger eine Mitverantwortung nach sich ziehen konnte. Aber im Grunde war es ihm recht, dass Apolonia unauffindbar war; er wäre nie fähig gewesen, ihr dazu Fragen zu stellen. Er hätte auch darunter gelitten, dass andere ihr Fragen stellen. Und nachdem sie, wie als Schülerin, hartnäckig stumm bleiben würde, wäre ein ungeschickter Staatsanwalt vielleicht im Stande, die Mädchen als Helfershelferinnen ihres Vaters hinzustellen.

Die Gendarmin konnte er aber nicht umgehen. Sie stellte ihm keine Fragen zu Apolonia. Er schloss daraus, dass die Bibliothekarin ihr nur das Wichtigste gesagt hatte oder vielleicht noch weniger. Sie bat ihn und den Abbé, der Presse keine Informationen zu geben, solange der Hausmeister nicht gefunden war. »Wir haben bis jetzt das Skelett von einem fast erwachsenen Jungen gefunden, der schon vor mindestens zehn Jahren beerdigt worden war und zwei Skelette von jüngeren Menschen, davon einem Mädchen, die gerade analysiert werden. Können Sie uns helfen, den Mann ausfindig zu machen?« Der Abbé antwortete: »Ich weiß, wir *beide* wissen, wo er vor drei Tagen noch einen Unterschlupf besaß. Ich kann auch versuchen, auszukundschaften, ob er jetzt noch dort haust, aber je weniger man sich ihm nähert, meiner Meinung nach, desto weniger misstrauisch wird er sein. Ich würde Ihnen auch raten, die Grabstätten Tag und Nacht diskret bewachen zu lassen, damit er sich auf keinen Fall heranpirschen kann und irgendeinen teuflischen Plan ins Werk setzt, der alle Beweise gegen ihn vernichtet. Vermeiden Sie vor allem, eine Hundertschaft von Gendarmen mit Hunden dorthin zu schicken, der Mann ist wie ein Trapper, der sein Leben lang in der Wildnis gelebt hat; der interpretiert das leiseste Geräusch und unterscheidet wie sonst niemand die Warnrufe der Vögel und nicht nur die des Eichelhähers, wie wir alle; er kennt die vielen *avencs* und Höhlen, deren

Eingänge nicht abgesichert sind und die dem Nichteingeweihten gefährlich sein können, auch den Forstbeamten. Ich schlage Ihnen vor, Sie mit meinem Freund hier, dem ›Ornithologen‹, dorthin zu bringen.« »Ja, aber Sie können auf keinen Fall in der Nähe bleiben, das kann mich meinen Job kosten.« »Wir zeigen Ihnen für die letzten zweihundert Meter die Richtung und gehen dann in Deckung. Wir werden wahrscheinlich mehr in Sicherheit sein, als Sie, mein Fräulein. Morgen früh, wenn Sie wollen.«

Am folgenden Morgen, bei Tagesanbruch, pirschten sich drei hochbewaffnete Gendarmen unter Leitung der Gendarmin als Vorhut bis zum Mauerläuferfelsen vor. Der Abbé zog ihre Aufmerksamkeit auf die entwurzelten Bäume von denen die meisten den Weg versperrten. »Das sind sogenannte *ventis*, sofern es vom *Sturm* entwurzelte Bäume sind. Diese Bäume aber sind *de faux ventis*, künstlich entwurzelte Bäume. Sie sind zwar vom Sturm umgeworfen worden aber nicht vom Sturm entwurzelt worden. Eine gewisse Person hat die Erde zwischen den Wurzeln so gelockert, dass bestimmte Bäume bei starkem Wind in die gewünschte Richtung kippen.« »Sie wollen damit sagen, dass so die Zufahrt für Fahrzeuge erschwert werden soll.« »Ja, aber auch, dass man Sie möglicherweise erwartet«, schloss der Abbé.

Die beiden Komplizen trennten sich von den Gendarmen und saßen bald weit oben, fast unsichtbar, auf starken Ästen ihrer Bäume. Sie trauten ihren Augen nicht, als sie den ›Lumpen‹, entdeckten, der gemächlich sein Gewehr entsicherte, an den Rand einer Mulde legte und mit gekreuzten Armen auf seine Verfolger wartete.

»*Sie* sind bewaffnet, ich nicht«, rief er den Gendarmen entgegen. In der Tat konnte niemand sein Gewehr sehen. Zwischen den Gendarmen und ihm standen auf etwa zehn Meter dichte Stinkwacholder und dann kam die Mulde, die nur zum Teil sichtbar war. Die Gendarmin befahl ihm, sich an die Felswand zu stellen und beide Arme zu heben. Da lachte er und sagte: »In diesem Wald gebe *ich* die Befehle und das seit über zwanzig Jahren. Meinen Sie wirklich, ich würde einem Scheißfrauenzimmer gehorchen, zumal wir hier im Aveyron sind und nicht mehr im Gard, wie Sie vielleicht glaubten. Wenn Sie näherkommen, springe ich in den *avenc*, den ich da vor mir habe, er ist siebzig Meter tief und fast vertikal, – ich glaube«, guggerte er, »er heißt *Avenc du gendarme* – und man wird Sie anklagen, einen einsamen Naturfreund in den Tod getrieben zu haben.«

Den beiden Kiebitzen auf den Bäumen war es nicht entgangen, dass sich der Lump seinem Gewehr genähert hatte, jetzt tief Luft holte und seine Muskeln spannte. Sie hatten aber kein Mittel, die Gendarmen zu warnen. Plötzlich beugte er sich vor, um nach der Waffe zu greifen, die unmittelbar am Rande des *avenc* lag, und da fielen fast gleichzeitig zwei Schüsse, nicht von den Gendarmen kommend, sondern von der den Hochsitzen der Beobachter entgegengesetzten Seite, der einzigen, wo sich niemand befinden sollte. Alle Blicke richteten sich auf den Mann am *avenc*, der leicht schwankte, das Gleichgewicht verlor und kopfvoran stumm in das tiefe feuchte Loch fiel. Die zwei Gendarmen näherten sich schnell der *avenc*-Öffnung, nur die Gendarmin rannte in die Richtung, aus der Schüsse gefallen waren. Gleichzeitig hörte man ein Motorrad losrattern, das sich schnell entfernte.

»Ich hoffe, dass die Behörden nicht daran denken, den Kerl bergen zu lassen, sagte der Deutschlehrer zum Abbé von seinem Baum herabgleitend. Und …« »Und …?« »dass sich die Erstzersetzer[81] sofort ans Werk machen!« »Was?« »Ja, die Asseln, die Springschwänze, die Saftkugler, Doppelfüßer, Steinkriecher und wie sie alle heißen.« Der Abbé sagte lächelnd, »Du meinst: Er hat uns erwartet, mittlerweile wird *er* erwartet und zwar von einer ganzen Mannschaft. Die kann sich aber nur an die Arbeit machen, wenn er tot ist. Falls er auf halber Höhe hängengeblieben und noch lebt, wird *er* sie mit seinem Basiliskenatem töten … Der Kerl wusste doch nicht alles von der Natur. Denn mit dem vielen echten und schlechten Wacholder der da überall wächst, hätte er sich und seinen Hund pflegen können … Seltsam, wie sich alle Elemente, die in den letzten Monaten unser Handeln und Denken bestimmt haben, *hier* wie Fäden zu einem Gewebe oder wie Themen zu einer Fuge zusammenlaufen: das Teuflische mit den vielen Namen, die wir ihm gegeben haben, das Wildern, der Hund, aber auch Zwirnchen, wie Bäume, die Höhlen, die Vögel und die Kleinstlebewesen, die sich in deiner Sprache eingenistet haben und vieles mehr, ja sogar der Wacholder, der jetzt ein paar Mal unseren Weg gekreuzt hat und nicht nur in *einer* Form … Übrigens ist die letzte Brennerei der Cevennen gar nicht weit von hier. Die machen auch antiseptische Salben für Tierärzte. Der räudige Hund hätte sich nicht wundkratzen müssen. Aber: Der Arme hat aber doch ein besseres Begräbnis gehabt, als der da unten.« »Er hat alles an den Tag gebracht und hat sich somit gerächt. Wir könnten ihm eine kleine Tafel ins Grab stecken mit der Aufschrift: Hier ruht …« »*Krambambuli*«[82] sagten sie beide gleichzeitig. Und lachten.

Leise fragte ihn der Abbé: »Hast du was bemerkt?« »Leider nichts, kurz vor Sonnenaufgang sehe ich sehr schlecht, aber selbst wenn … würde ich es für mich behalten.« »Das werde ich *auch* tun«, antwortete der Abbé. »Also haben Sie was gesehen!« »Ja, aber ich werde es für mich behalten.« »Bitte nicht! Ich meinte, den Uniformierten würde ich nichts sagen, Ihnen schon. Also was ist es?« »Was ich gesehen habe? Zwei Gewehre, genau dieselben wie das da drüben auf dem Boden.« »Und?« »Und … Tränen habe ich blitzen sehen in zwei Augenpaaren, auf die gerade die ersten Sonnenstrahlen fielen.«

Auf dem Rückweg zog der Abbé ein Kuvert aus der Tasche und gab es dem Deutschlehrer. »Ich spüre, dass du nicht mehr lange hier bleiben wirst. Das ist für später, wenn du mal Sehnsucht hast nach dieser Gegend. Du kennst die uralte Nonne, die aussieht wie Lucien Bodard[83]. Du weißt ja, dass sie in China geboren ist und chinesisch kann. Du hast sie mal gebeten, dein Lieblingsgedicht neu zu kalligraphieren; hier schickt sie es dir; sie hat auch zwei Zeichen ausgewechselt:

艾山煙雨獨江潮
不到千般恨未消
到得歸來無別事
艾山煙雨獨江潮

Der **Mont-Aigoual** im Regendunst
Die **Dourbie** bei Hochwasser!
Solange ich nicht dort war,
Quälte mich die Sehnsucht
Ich ging hin und kam zurück
Es war nichts Besonderes:
Der **Mont-Aigoual** im Regendunst
Die **Dourbie** bei Hochwasser.

Aber es tut mir leid, dir zu sagen, dass ich mit deinem *Su Dongpo* nicht einverstanden bin, vielleicht weil mir seine Gedankenwelt fremd ist. Auch eine quälende Sehnsucht ist besser als eine Enttäuschung, selbst wenn sie poetisch formuliert wird. Aber merk dir das«, fügte er lachend hinzu, »wenn du je mal hierher zurückkommst und sagst von unseren Erlebnissen, von uns allen und unserer Natur inbegriffen: *Es war nichts Besonderes*, dann darfst du dir einen der *avencs* wählen und mit deinen geliebten Erstzersetzern Bekanntschaft machen …

Ich soll dir auch etwas ausrichten: Die Oberin hat einen Brief bekommen von Apolonia, sie lebe allein mit ihrer Schwester und einem kleinen Mädchen, sie sei glücklich. An deiner Stelle würde ich auf keinen Fall nach ihr forschen. Du fragst mich nicht warum, also hast du verstanden, dass dies das beste Mittel wäre, das Auge des Gesetzes auf ihre Fährte zu setzen, was dir sicher nicht am Herzen liegt. Ich würde jetzt auch nicht nachrechnen, mich auch nicht fragen, ob ich der Vater des Kindes bin. Wer auch immer dessen Vater ist, er wird dieses kleine Mädchen nie und nimmer zu Gesicht bekommen. In die Seele Apolonias wurde etwas Unauslöschliches eingemeißelt, viel tiefer als ein Steinmetzzeichen in den härtesten Granit.«

Anmerkungen

1 Louis de Bonald (1754–1840), geboren und gestorben in Millau, Feind der Revolution, lebte auf seinem Schloss in Le Monna bei Millau im Aveyron. Für Bonald ist die Scheidung »ein revolutionäres Gift«.

2 *On ne visite pas* = Keine Besichtigung.

3 Dourbie: Nebenfluss des Tarns. Entspringt im Mont-Aigoual-Massiv und fließt durch malerische Landschaften.

4 Mont-Aigoual, einer der Gipfel des Zentralmassivs, 1567 m hoch, beliebtes Wandergebiet.

5 Zu Hesses Zitat: Es ist nicht besonders präzise, außer dem Wort ›geilen‹, (ja sogar ›mannshoch geilen‹) das seit 1906 auf eine gute Übersetzung wartet.

6 möseln: Eine Zugabe für die Nussknacker unter den Übersetzerinnen und Übersetzern.

7 Feldwanzen: Blättern Sie mal im Buch ›Heteroptera‹ von Cornelia Hesse-Honegger. Dann werden Sie die Schilder der stinkenden Wanzen für die schönsten abstrakten Bilder halten, die die Natur für uns gemalt hat. Hesse-Honegger, Cornelia: Schweizer Künstlerin und Wissenschaftlerin. Hat bei Fliegen und Wanzen die durch Tschernobyl und Atomkraftwerke verursachten Schäden untersucht, was bei Atomenergie-Befürwortern auf heftige Kritik gestoßen ist. Die von ihr gemalten Wanzen sind (im Format) kleine Kunstwerke.

8 La Mennais = Félicité Robert de Lamennais (1782–1854), Priester, Schriftsteller, Abgeordneter. Der Papst verdammt seinen liberalen und sozialen Katholizismus und er bricht mit der Kirche. Kritisiert Papst und Königtum. Beerdigt in einem Massengrab.

9 Jeanne d'Harvilliers (1528–1578), unschuldig als Hexe angeklagt, stirbt auf dem Scheiterhaufen.

10 Jean Bodin (1530–1596), grausamer Richter in vielen Hexenprozessen. Bereitet den Absolutismus Richelieus vor.

11 In: Jean Palou, *De la Sorcellerie, des sorciers et de leurs juges*, Sazeray, o. D. S. 3.

12 *Boche* könnte von den politisch-literarischen Cabarets kommen, wo man Suffixe wie *-miche* und *-boche* zum leichteren Reimen an Adjektive anhängte, was z. B. *allboche*, *italboch*e oder *rigolboch*e ergab. Die häufige Benützung nach dem Siebziger Krieg hat die Form *allboche* begünstigt. Daraus sei *boche* geworden mit der innewohnenden abschätzigen Bedeutung. Andere Erklärungen verweisen auf *caboche oder tête de boche* = Dickkopf.

13 Der Arzt J. J. Schleuchzer (1672–1733) hat einen ähnlichen Irrtum begangen. In seinem ›Homo diluvii testis‹ beschreibt er das Skelett eines Mannes (heute im Museum von Haarlem), das aber nur einem Riesensalamander gehörte. Aber er hat das Verdienst, in Zürich bei den Hexenverfolgungen die Todesurteile abgeschafft zu haben.

14 Louvois (1639–1691), Intrigant am Hof von Versailles, Minister, organisiert die ›*dragonnades*‹, die Einquartierung von Dragonern vor allem bei Protestanten, um sie zur Bekehrung zu zwingen. Verantwortlich für die Zerstörung der Pfalz und süddeutscher Städte. Vielleicht in Versailles vergiftet.

15 Ezéchiel de Mélac (1630–1704), General Ludwigs XIV. und des Oberbefehlshabers Louvois. Grausamster Mordbrenner vor allem in Süddeutschland. Hat die Pfalz in Schutt und Asche gelegt. Sein Name wurde jahrelang den Hunden gegeben und das pfälzisch/bayrische Schimpfwort ›Lackl‹ geht auch auf ihn zurück.

16 Vgl. den Fall von Friedrich Staps (1792–1809), der Napoleon in Wien töten wollte. Der 17-Jährige, der Napoleon vorwarf, Tausende in das Verderben und in den Tod getrieben zu haben, wollte nicht begnadigt werden und wurde exekutiert. Man kann es sehr geschmacklos finden, dass Napoleon die Erschießung nicht einem französischen, sondern einem deutschen und zwar württembergischen Komman-

do übertrug. Um (von Napoleons Gnaden) zu Königen befördert zu werden, haben die Schwaben brav mit Bonaparte kollaboriert. Der von mir angeschriebene (jetzt abgelöste) Bürgermeister der Stadt Naumburg fand es abgeschmackt, für Staps ein Denkmal zu errichten.

17 Aus dem Jazzbuch von J. E. Behrend. Abgedruckt im Deutschlehrbuch für Abiturklassen (Robin/Cotet).

18 Marie von Ebner-Eschenbach (1830–1916), österreichische Schriftstellerin. Ihr Hauptwerk ist die Erzählung ›Krambambuli‹ (cf. Fußnote 82).

19 Der Genuss von Bucheckern (Früchte alter Rotbuchen) kann für Menschen gesundheitsschädlich sein, für Pferde sogar tödlich. Sie enthalten den Giftstoff Fagin. Der Autor hat nach dem Krieg als Kind sackweise ›Bucheln‹ auflesen müssen, aus denen die Eltern Speise- und Lampenöl fabrizierten.

20 Siehe Harant/Jarry: *Guide du Naturaliste dans le Midi de la France*, Delachaux & Niestlé, Neuchâtel, 1982, S. 122: »Nehmen Sie eine dicke Ringelnatter, ziehen Sie die Haut ab und leeren Sie sie, wobei Sie die Exkremente wegwerfen. In Scheiben schneiden und in eine Marinade aus Olivenöl, Thymian und anderen Gewürzpflanzen … legen.«

21 Wilder & Ingram, *Analysis of Chinese Characters*, Dover, N.Y., 1974, S. 141: »A man in the act of bending forward in order to laugh more easily. With the addition of bamboo the character is used for ›to laugh‹ because when the wind waves the bamboo resembles the movements of a man convulsed with laughter.«

22 *Inspecteur général* = Oberschulrat.

23 *N'est-ce-pas?* = Nicht wahr?

24 Nachäffen: Mit dem Affen (im Titel des Kapitels) ist in der Tat der Oberschulrat gemeint. Nicht nur wegen seines Nachäffens, sondern auch, weil sich in einem der chinesischen Zeichen für Affe ein Würdenträger, ein hoher Beamter versteckt: 猴.

Das Zeichen 犭, Hund, Vierbeiner, weist auf den Affen hin, der zweite Teil ist der Beamte. Eigentlich gibt das Zeichen dafür nur die Aussprache an. Aber in bildlichen Anspielungen auf die Beamtenränge ist die Abbildung eines Affen als Symbol des erfolgreichen Beamten sehr häufig. (W. Eberhard)

25 Konsequenzen des Briefs? Der Autor weiß nicht *mehr* über eventuelle Folgen dieses Briefes als der Leser. Vielleicht existiert kein Zusammenhang: Aber sein erster Anlauf, kurze Zeit darauf, um das Staatsexamen zu schaffen, war zum Scheitern verurteilt…

26 *Boa*: Ortsname, der mit der Schlange nichts zu tun hat, aber wegen seiner Lautähnlichkeit mit *bois* (Holz etc.) Wortspiele erlaubt, die unübersetzbar sind.

27 *Restanques* oder *faïsses*: Natursteinmauern in der Provence und in den Cevennen, die erlauben, auch auf kleinen Grundstücken an steilen Hängen Maulbeer- oder Olivenbäume zu pflanzen und Schafe und Ziegen weiden zu lassen.

28 *Carthagène* oder besser *cartagène* (hat nichts mit Karthago zu tun), unvergorener Traubensaft mit einem starken Schnaps. Südfranzösischer Aperitif.

29 Sade: *Français, encore un effort* … In: *Philosophie dans le boudoir* = Franzosen, strengt euch noch ein bisschen an … In: *Philosophie im Boudoir*, 1795.

30 *Il n'y a rien de pire que les mesures fortes prises par des hommes faibles* = Nichts ist schlimmer als starke Maßnahmen, die von schwachen Individuen ergriffen werden.

31 Michaud, *Biographie universelle, vol IV*, 1883: »Bemerkungen zum Fall eines Mädchens ohne Zunge, die spricht, schluckt und alles ausführen kann, wozu die Zunge normalerweise dient. Dieses Mädchen, Marie Grêlard, wurde 1743 geboren. Mit acht Jahren bekam sie eine bösartige Form der Pocken … Ihre Zunge löste sich in Fetzen auf, die sie mit der Hand entfernen und der Chirurg mit dem Messer losschneiden konnten. Während der drei folgenden Jahre

konnte sie nur noch einzelne Töne artikulieren, dann begann sie zu stottern, konnte aber immer verständlicher sprechen und es gelang ihr, sich normal wie vordem auszudrücken, ja zu singen. Unter unseren Lesern sind wohl welche, die dieses Phänomen nicht glaubhaft finden. Wir verweisen sie auf Band 25, Seite 37 des *Journal de Médecine,* aus dem der Auszug stammt, der unserem Artikel zugrunde liegt.«

32 Schlammbeißerei ist kein bildhafter Ausdruck für den vergeblichen Versuch etwas anzupacken, als ob man in den Schlamm bisse, sondern meint das Ei des Schlammbeißers …

33 Bonald: *la plus parfaite de toutes les langues modernes et peut-être de toutes les langues* = Die perfekteste aller modernen Sprachen und vielleicht aller Sprachen überhaupt.

34 Schopenhauer, *Parerga und Paralipomena*: »Dieser elendeste romanische Jargon [gemeint ist das Französische], diese schlechteste Verstümmelung lateinischer Worte, diese Sprache, welche auf ihre ältere und viel edlere Schwester, die italiänische, mit Ehrfurcht hinaufsehn sollte, diese Sprache, welche den ekelhaften Nasal en, on, un zum ausschließlichen Eigenthum hat, so wie auch den schluckaufartigen, so unaussprechlich widerwärtigen Accent auf der letzten Silbe […] diese armsälige Sprache.«

35 *Ma chère, mon cher, chez soi* = meine Liebe, mein Lieber; bei sich zuhause.

36 *Une vipère va la piquer, vous serez responsable* = eine Viper wird sie stechen (statt korrekt: beißen) und Sie tragen die Verantwortung.

37 *Bicots, pieds-noirs, youpins, piches, ch'timis*: *Bicots* (vielleicht aus *arabico …*) ist einer der Schimpfnamen für Nordafrikaner. *Pieds-noirs* sind die in Algerien geborenen Franzosen, die im Mutterland Frankreich, als Algerien sich befreite, nicht überall gern gesehen wurden. *Youpin* ist ein Schimpfwort für Juden. *Piches* ist ein abschätziges Synonym für Zigeuner, die in der Gegend, trotz (oder wegen) der alljährlichen Wallfahrt in Saintes-Maries, nicht beliebt sind. Übrigens

befand sich nicht weit von Saintes-Maries, in Saliers, ein Konzentrationslager für Zigeuner, das allerdings nicht von den Deutschen gegründet oder geleitet wurde, sondern von dem Vichy-Regime. Die *ch'timis* sind die Bewohner Nordfrankreichs.

38 Der Wetterfisch *misgurnus* (graeco-türkisch: *miseo* = hassen, *gür* = *Donner*) heißt in manchen deutschen Mundarten der Gewitterfurzer oder die Furzgrundel, weil er bei Barometerschwankungen viel Luft schnappt, die er dann hinten wieder rauslässt. Viel zu langweilig die französische Entsprechung: *loche météorologique*. Besser wäre es, ihn Misgurne zu nennen wie der Ichthyologe Lacepède, 1803.

39 *Brise-os* = Beinbrechgras, *casse-os* = Knochenbrecher = heute: *narthécie ossifrage.*

40 *Mas*: größeres Haus, Hof in der Provence und in Okzitanien.

41 Moderlieschen: ein karpfenartiger Fisch. Hat nichts mit ›Lieschen‹ zu tun, sondern kommt von ›mutterlos‹, weil man Jungfische in Gewässern ohne erwachsene Fisch-Eltern gefunden hat.

42 Leider hat aber Mädesüß nichts zu tun mit einem süßen Mädel. Süß ist angebracht, weil die Blüten zum Süßen des Mets verwendet wurden. Die auch Wiesenkönigin genannte Heilpflanze wurde früher als Streukraut auf Holzfußböden benützt, die tagelang einen angenehmen Geruch ausströmten. Nach Wikipedia wird dieses Kraut in manchen Gegenden ›Stopparsch‹ genannt, weil es gegen flüssigen Stuhl angewandt wurde.

43 *Honeysuckle Rose*: auch im Jazztitel eine Pflanze = Geißblattblüte.

44 Eichelbohrer: Der Deutschlehrer prahlt gern mit seinem angelesenen Wissen. Manchmal ist es oberflächlich. Der zitierte Käfer ist genau genommen der ›Eichelgallenrüssler‹, *curculio villosus.*

45 Zu *falsch* = *verlogen* = *polnisch*: latent in vielen Ausdrücken mit dem Stamm ›*crac*‹. *Raconter des cracs* (nach Krakau) heißt Lügenmärchen erzählen. Cf.: *craquer* (lügen), *craqueur* (Lügner), *craquelin* (Angeber), *Monsieur de Crac* (hat viel Fantasie), *aller à Cracovie* (lügen), *avoir ses lettres de Cracovie* (bekannt als Lügner), *arbre de Cracovie*

(Baum im Park des Palais Royal in Paris, wo sich die Exilpolen trafen und sich gegenseitig anlogen), *craquerie* (Übertreibung). Nach Littré hätte es auch einen deutschen Herrn von Krak gegeben.

46 Pilznamen auf *-ling*: Ackerling, Becherling, Bitterling, Blättling, Brätling, Drüsling, Düngerling, Ellerling, Fälbling, Faserling, Flämmling, Glöckling, Grünling, Häubling, Helmling, Hörnling, Kaiserling (sic!), Knäuerling, Krempling, Leistling, Milchling, Muscheling, Nabeling, Pfifferling, Porling, Räsling, Rauhling, Reischling, Ritterling, Röhrling, Rötling, Rübling, Saftling, Scheidling, Schirmling, Schleierling, Schmerling, Schüppling, Schwindling, Seitling, Stäubling, Streifling, Täubling, Tintling, Träuschling, Trichterling, Wichterling, Wulstling, Zärtling, Zitterling …

47 Bei Wikipedia ist unter Nachtkerze oder *oenothera* eine wunderbares Video, das dieses schnelle Aufblühen zeigt.
Der Autor wollte keinen weiteren Tiervergleich einbringen, sonst hätte er sich hier mit dem Nachtkerzenschwärmer gleichgesetzt, einem Nachtfalter, der gern den Nektar der Nachtkerzen stibitzt. Sehr schlau ist die Tarnung seiner Raupe, die an Stelle des üblichen Analhorns die Zeichnung eines Kopfes hat. Der eigentliche Kopf am anderen Ende ist unscheinbar. Lustigerweise fordert mich der ›Korrektor‹ meines PCs auf, statt *oenothera* ›entehrt‹ zu tippen!

48 *On ne visite pas* = Besuch unmöglich.

49 *Un corps religieux de célibataires dont les corps s'abstiennent* = Eine religiöse Vereinigung von Ledigen, deren Körper sich enthalten.

50 *European Nightcrawler* – Europäischer Nachtkrabbler, ein Regenwurm.

51 Typisches Gericht des Aveyron-Departements. Mit (Cantal-)Käse vermischtes Kartoffelpüree und Knoblauch.

52 *entre deux âges, entre chien et loup, entre deux eaux, entre deux chaises … et vous êtes entre mes mains* = zwischen jung und alt, zwischen Hund und Wolf (abendliches Zwielicht), zwischen zwei Wassern (unbestimmt) zwischen zwei Stühlen (in einem Zwiespalt) und Sie sind in meiner Hand.

53 Steinmetzzeichen in der Frauenkirche in Esslingen. Manche ähneln in der Tat chinesischen Schriftzeichen:

54 *Criquet germanique*: rotflüglige Ödlandschrecke. Ein Vertreter dieser Familie hat den wissenschaftlichen Namen: *oedipoda germanica* ***kraussi***!

55 *Avencs* ou *avens*: Alle kann er nicht aufzählen, denn allein zu diesem Ort gehörig (der in Wirklichkeit ›La Roque-Sainte-Marguerite‹ heißt), sind über hundert *avencs* registriert. Siehe: <https://www.st-guilhem-ledésert.fr/docsite/inventaire_cavitéssout_aveyron.pdf>.

56 *Renseignements généraux* = Bureau der Polzei, das mit Nachforschungen über die Bevölkerung beauftragt ist.

57 *Faire le mort* = sich totstellen.

58 *Mon père / mon fils* = Mein Vater, mein Sohn; *Ma sœur / Ma mère* = Anrede der Nonnen unter sich / Anrede der Oberin.

59 Das Hirtenbett der *Camisards* ähnelte einem hölzernen Sarg.

60 Labruyerre: *Les ruses du braconnage mises à découvert*, Lottin l'Aîné, 1771. Neu verlegt (französisch) in *Revue de l'Université de Bruxelles*, 1982.

61 Jenische: Halbnomaden mit einer eigenen Sprache (ähnelt dem Jiddisch mit deutscher Grammatik), die unter dem Naziregime in Deutschland gelitten haben, aber noch mehr unter den Schweizer Behörden, die ihnen die Kinder wegnahmen und sie in ›saubere‹ Anstalten steckten oder ›sauberen‹ Eltern anvertrauten. Die Stiftung Pro Juventute hat zwischen 1926 und 1973 (!) viel Unheil angerichtet. Cf. Wikipedia unter ›Kinder der Landstraße‹. Eine Ähnlichkeit mit den Theorien Sades drängt sich auf. Siehe folgende Bemerkungen zu Sade.

62 Sade: »Bilden Sie sich nicht ein, gute Republikaner aus Kindern machen zu können, solange sie in ihren Familien isoliert sind. Sie gehören obligatorisch der Republik.«

63 *Maluski*: polnischer Kosename und Name des Frettchens.

64 Zum Biss der Zecke: Die Manie des Wiederkäuens seines angesammelten Bücherwissens geht beim Deutschlehrer so weit, dass er sofort an den großen Linné denken musste (den er bewundert, aber auch hasst, weil er in ganz Europa die volkstümlichen Tier- und Pflanzennamen verdrängt hat). Der wurde nämlich von einem Tier gebissen oder gestochen, das er beschrieben hat, aber dessen Existenz nie bewiesen wurde! *Furia infernalis* hat er es getauft, auf Deutsch Tollwurm oder Höllenfliege.

65 Montaigne, Essais, I, 21: »Ich habe einen Mann getroffen, den der Bischof von Soissons bei seiner Konfirmation Germain genannt hat. Alle Einwohner haben ihn bis zum Alter von 22 Jahren als das Mädchen Marie gekannt und als solches betrachtet … bis er bei einem Sprung die Beine spreizte und seine männlichen Geschlechtsteile zu Tage traten. […] Heute noch singen die Mädchen ein Lied, in dem sie sich gegenseitig vor großen Sprüngen warnen, die aus ihnen einen Knaben machen könnten, wie Marie Germain.«

66 *Mère supérieure* = Oberin.

67 Giono: *Un roi sans divertissement* = ein König, der sich langweilt.

68 Michael Ranft (1700–1774), Deutscher protestantischer Pastor und Schriftsteller, *De masticatione mortuorum in tumulis*, 1728, *Tractat von dem Kauen und dem Schmatzen der Todten in Gräbern*, Leipzig. Schon 1732 ins Französische übersetzt und neuverlegt bei Jérôme Millon. (Deutsche Neuausgabe bei Ubooks, 2006). Scheinbar grundlegende Arbeit über den Vampirismus.

69 *Auberge* = Gasthaus.

70 Bei Leuchtkäfern oder Glühwürmchen denkt unser Lehrerlein an den Stoff, der sie leuchten lässt: Luziferin. Ist es nicht seltsam, dass man dem Teufel, aber auch dem Gestirn Venus den Namen Luzifer gegeben hat? Und dass uns der Teufel in hundert Details unserer Erzählung frech zublinzelt, auch in der Etymologie und der naturwissenschaftlichen Nomenklatur?

71 *La Jonte*: Fluss in der Lozère und im Aveyron. Nebenfluss des Tarns, der in die Garonne mündet. Die Quelle liegt im Mont-Aigual-Massiv. Fließt stellenweise (etwa 10 km) unterirdisch.

72 Im Original: *pour préserver les femelles de la mort que l'amour leur cause assez souvent.*

73 Gegen eine Flasche guten schwäbischen Weins situiert der Autor genauestens alle Schauplätze der Erzählung.

74 *Le meurtre est une horreur souvent nécessaire, jamais criminelle* = Ein Mord ist etwas Schreckliches, oft Notwendiges und nie Kriminelles.

75 *Occidantur* = nicht am Leben lassen.

76 Meterweise: In manchen ›Cafés‹ werden die auf dem Schanktisch aufgereihten Anisschnapsgläser nach Metern gemessen. Die Durstigsten können leicht ›einen Meter Pastis‹ in sich reinschütten.

77 Milben: Das Internet zitiert einen Fachartikel über diesen Demodex, der sehr interessant ist, aber auch etwas beunruhigend. Der Autor dieses Buches glaubt allerdings nicht, dass die darin angegebenen Maße des Penis (24 μm = Mikrometer lang) und der Vulva (8,5 μm = Mikrometer lang) wirklich von Belang sind, obwohl diese Organe zugegebenermaßen die von den Damen so gefürchtete Vermehrung dieser Milben im Gesicht begünstigen.

78 Der neue Duden wünscht vielleicht, dass man in die Mitte dieses schönen Wortes einen Bindestrich setzt oder einen zweiten Großbuchstaben. Das macht das Wort nur noch länger. Und derjenige, der es nicht *so* geschrieben versteht, versteht es auch nicht mit einem Strich. Diese Ballungsmöglichkeit macht aus dem Deutschen eine ausgezeichnete verständliche Wissenschaftssprache, die erlaubt, Tiere und Pflanzen sehr präzise und kompakt zu klassifizieren, ohne auf griechisch-lateinisches Wortgemisch zurückzugreifen, das der Laie nicht versteht. Eule wird für fast alle Nachtschmetterlinge gebraucht, wohl weil sie nachts schwärmen und vielleicht auch etwas Eulenhaftes haben. Das mit der richtigen Betonung gelesene Wort ist allein schon eine Melodie oder der Vers eines Gedichts.

79 <https://de.wikipedia.org/wiki/Pogrom_von_Kielce>.

80 Der Leser ist sofort von dieser ›Ansicht‹ überzeugt, wenn er folgendes Buch auf S. 270 aufschlägt: Philippe J. Dubois, *365 jours avec les oiseaux,* Éditions de la Martinière, Paris.

81 Erstzersetzer: Asseln, Doppelfüßer, Schnecken, Milben, Springschwänze. Siehe Bodenzoologie.

82 Krambambuli: Das schon erwähnte Wort ist der Name eines Hundes der gleichnamigen Erzählung von Ebner-Eschenbach. Der Hund ist unglücklich, da hin- und hergerissen zwischen seinem alten und seinem neuen Herrchen. Bevor es ein Hundename wird, ist es der des Wacholderschnapses, gegen den der dann so genannte Hund eingetauscht wird.

83 Lucien Bodard war ein ausgezeichneter Journalist, Asienspezialist und Schriftsteller. In seinen Romanen beweist er eine intime Kenntnis der chinesischen Kultur. Da er nicht Maoist war, wurde er von den Sinologen leider nicht ernst genommen. Seine Eltern waren Europäer, aber die Gesichtszüge Bodards scheinen auf chinesische Ahnen zurückzugehen.

FSC
www.fsc.org
MIX
Papier | Fördert gute Waldnutzung
FSC® C083411

Zeitfracht Medien GmbH
Ferdinand-Jühlke-Straße 7
99095 Erfurt, Deutschland
produktsicherheit@kolibri360.de

Druck:
CPI Druckdienstleistungen GmbH
im Auftrag der
Zeitfracht Medien GmbH
Ein Unternehmen der Zeitfracht - Gruppe
Ferdinand-Jühlke-Str. 7
99095 Erfurt